历史的丰碑丛书

美利坚民族之魂
杰斐逊

潘书慧　张士其　编著

吉林人民出版社

图书在版编目(CIP)数据

美利坚民族之魂——杰斐逊 / 潘书慧 , 张士其编著 .
-- 长春 : 吉林人民出版社 , 2011.4（2021.8 重印）
（历史的丰碑丛书）
ISBN 978-7-206-07594-0

Ⅰ . ①美… Ⅱ .①潘… ②张… Ⅲ .①杰斐逊，T.
（1743 ~ 1826）—生平事迹—青年读物②杰斐逊，
T.（1743 ~ 1826）—生平事迹—少年读物 Ⅳ .
① K837.127=41

中国版本图书馆 CIP 数据核字 (2011) 第 039423 号

美利坚民族之魂 杰斐逊
MEILIJIAN MINZU ZHIHUN JIEFEIXUN

编　　著:潘书慧　张士其
责任编辑:丁　昊　　　　封面设计:孙浩瀚
制　　作:吉林人民出版社图文设计印务中心
吉林人民出版社出版 发行(长春市人民大街7548号　邮政编码:130022)
印　　刷:北京一鑫印务有限责任公司
开　　本:787mm×1092mm　1/16
印　　张:8　　　　　字　　数:72千字
标准书号:ISBN 978-7-206-07594-0
版　　次:2011年4月第1版　印　　次:2021年8月第2次印刷
定　　价:35.00 元

如发现印装质量问题,影响阅读,请与出版社联系调换。

编者的话

"欲知大道，必先为史"。

回溯人类的足迹，人们首先看到的总是那些在其各自背景和时点上标志着社会高度和进步里程的伟大人物。他们是历史的丰碑，是后世之鉴。

黑格尔说："无疑，一个时代的杰出个人是特性，一般说来，就反映了这个时代的总的精神。"普希金说："跟随伟大人物的思想是一门引人入胜的科学。"

以史为鉴，面向未来。作为21世纪的继往开来者，我们觉得，在知史基础上具有宽广的知识结构、开阔的胸襟和敏锐的洞察力应是首要的素质要求，而在历史的大背景中追寻丰碑人物的思想、风范和足迹，应是知史的捷径。

考虑到现代人时间的宝贵，我们期盼以尽量精短的篇幅容纳尽量丰富的信息，展现尽量宏大的历史画卷和历史规律。为此，我们编撰了这套丛书。

编撰丛书的过程，也是纵览历代风云、伴随伟人心路、吸收历史营养的过程。沉心于书页，我们随处感受着各历史时期伟大人物所体现的推动历史进步的人类征服力量。我们随着伟人命运及事业的坎坷与辉煌而悲喜，为他们思想的深邃精湛、行为的大气脱俗而会意感慨、拍案叫绝。

然而，在思想开始远游和精神获得享受的同时，我们也随之感受到历史脚步的沉重和历史过程的曲折。社会每前进一步都是艰难的，都伴随着巨大的痛苦和付出。历史的伟大在于它最终走向进步，最终在血污中诞生了鲜活的"婴孩"。

历史有继承性和局限性，不能凭空创造。伟人也有血肉，他们的思想、行为因此注定了同样具有历史的局限性和阶级的、时代的烙印；他们的功业建立于千千万万广大人民群众伟大创造的基础上。历史是人民群众创造的，伟大的人物们是历史和时代造就的。同时，我们也无法否定此间他们个人的努力。这也正是我们编撰这套丛书的目的。

我们期盼着这套丛书得到社会的认同，对读者，特别是青少年读者之历史感、成就感和使命感的培养有所裨益。史海浩瀚，群星璀璨。我们以对广大青少年读者负责的精神，精心遴选，以助力青少年成长进步，集结出版了《历史的丰碑》系列丛书，敬请读者批评、指正。

历史的丰碑丛书

编 委 会

策 划： 胡维革　吴铁光
　　　　林　巍　冯子龙

主 编： 胡维革　邢万生

副主编： 贾淑文　谷艳秋

编 委：（按姓氏笔画为序）
　　　　于二辉　刘士琳
　　　　刘文辉　孙建军
　　　　李艳萍　吴兰萍
　　　　杨九屹　隋　军

在历史的长河中，没有不朽的殿堂，惟有不朽的精神。这些精神，不会因长河的东去而消失，反而会在时间的磨砺中臻于完善，使后来人享受它带来的美好与惠泽。杰斐逊就留给了后人这样一种精神。

托马斯·杰斐逊，美国缔造者之一，《独立宣言》的执笔人，美国第三任总统。他是思想家、革命家、政治家，又是学者和教育家，为美国的建立和建设做出了丰功伟绩。同时，他又是一种精神力量——美国精神的象征。他的民主思想，优秀的品质及严谨的生活态度，使他在从事任何一种工作时都做得尽职尽责。他有着理论家的严谨与坚定，政治家的理智与冷静，外交家的机敏与睿智，学者的风度与气质，从不拘泥于陈规的限制，并且终生都在为实现自己的思想主张而奋斗。

目　录

历史的**丰碑**丛书

弗吉尼亚乡绅的儿子

品德，应该高尚些；处世，应该坦率些；举止，应该礼貌些。
——孟德斯鸠

　　1743年4月13日，托马斯·杰斐逊诞生在弗吉尼亚里瓦纳河畔阿尔贝尔马县的夏德威尔村一所刚建成不久的农舍中。他是家中的第一个男孩子，他还有两个姐姐。托马斯的祖先来自于英国威尔士斯诺顿山附近。

　　托马斯的父亲彼得·杰斐逊虽没有受过正规教育，却是一位有志气的人，不仅身材高大健壮，而且聪明过人，有着坚强的性格和那个时代垦荒者的雄心。他渴望知识，刻苦自学，从读书中学到了文化。他有一手高超的测量土地的技术，1749年他与一位数学教授被选为弗吉尼亚与北卡来罗纳的边界测量员，后来两人又奉命绘制了第一张弗吉尼亚地图。他从数学教授那里学到了不少数学知识，又阅读了历史、散文和莎

←国会图书馆内部

士比亚著作等大量书籍。

　　和许多弗吉尼亚人一样，彼得最大的愿望是拥有土地，因为在这里，拥有土地是取得社会政治地位的首要条件。不久，他在里瓦纳河流域取得了1000英亩土地。

　　1755年，他被授予民团上校军衔，并成为弗吉尼亚议会的议员，彼得是一位公认的品格方正的领袖性人物。他从不摆官架子，禁止鞭笞奴隶。更难能可贵的是，他把印第安人视为真正的朋友，一些印第安人经常在彼得家中借宿。因此，幼时的杰斐逊印象中的印第安人往往是和善友好的，其中的传奇性人物又使他钦佩不已。

杰斐逊的母亲简·伦道夫，是英国贵族的女儿。其家庭在英格兰和苏格兰声名显赫，因此，简·伦道夫具有弗吉尼亚最高贵的血统。她19岁时嫁给了32岁的彼得·杰斐逊，为彼得带来了不少的土地和奴隶，使他的家中奴隶数目增加到100多名，成了富有的乡绅家庭。简·伦道夫文雅端庄，谦和而又精明能干，几乎把所有的时间都花在孩子身上，是个具有高尚美德的女子。

弗吉尼亚人十分乐于炫耀自己的血统，托·杰斐逊倒是很少这样做，他一生中也从不以此为荣，甚至有些反感，这在当地是极为少见的。

生长于这样温馨舒适、生活富足的家庭，对杰斐逊一生影响极大，而弗吉尼亚秀丽的风光、高雅的社会风气也造就了他广阔的心胸和文雅明朗的性格。

弗吉尼亚，是当时北美殖民地中既古老又富庶的地方。这里居民较少，气候温和，有漫长的海岸线，无尽的苍莽的大森林中，点缀着零星分布的种植场。绿草、红花、淙淙作响的小溪和跳上跳下淘气的小动物，使幽静的山林充满了勃勃生机。人们的房舍掩映在一片盎然的绿意之中，河流与远山又使秀美风光之中增添了恢宏的气势，这些都使杰斐逊从小到大都充溢着对故乡的迷恋之情。他的父亲彼得十分注重培养儿子对大自然的热爱，让他在大自然中陶冶情操。

除了接受大自然的熏陶之外，人文的作用对杰斐逊的影响也很大。弗吉尼亚人有良好的读书风气和文雅礼貌的绅士风度。那个时候，种植园奴隶制经济是此地的支柱，大种植场主一般拥有4000英亩以上的土地，更有高达1万英亩以上者，并且拥有上百名的奴隶。这些种植园主，无论其出身如何，都苦心经营着自己的种植场。逐渐地，他们形成为弗吉尼亚的统治集团，热衷于政治活动。

弗吉尼亚的绅士们，一般都慷慨好客，热情而又有礼貌，对妇女表现得颇有骑士风度，即使对仆人奴隶们也是亲切和蔼。这是因为弗吉尼亚存在着不成文的、但却为绅士们所公认的、为大家所遵守的高标准的礼节。这片土地孕育了一批革命领袖，如：乔治·华盛顿、詹姆斯·麦

←詹姆斯·麦迪逊

迪逊、詹姆斯·门罗等等。杰斐逊当然也十分注重保持良好的礼貌习惯，他一生中都具有的优美和谐的风度盖源于此。

生长于这样的环境与家庭，杰斐逊自幼受到了良好的教育。5岁时父亲就请了家庭教师教他读书写字，父亲对他寄予了很大的希望并预见他将来必会在学问上有所成就。他向儿子灌输严格要求自己及吃苦耐劳的精神，教导儿子有条不紊地读书、写字、记帐和工作。他经常说："你自己能做的事，千万不要求别人替你做。"父亲的教导对杰斐逊影响极大，使他一直力求上进，坚持努力读书。一直保持着勤奋的持之以恒的本色。

在杰斐逊2岁时，其家从夏德威尔迁往吐卡霍，当其9岁时，被送进了附近的多佛教会学校，学习拉

↑美国国会图书馆，杰斐逊是该馆的真正创始人。

丁文、希腊文以及法语。

同年，他的家又搬回夏德威尔，但杰斐逊留在学校继续读书，一直到他14岁时，才重回家中。由于童年的大部分时光是在寄宿学校度过的，这时的他性格内向、含蓄，很少无拘束地表达自己的感情。

十分不幸的是，慈父严师彼得·杰斐逊在托马斯14岁那年去世了。父亲在遗嘱中教诲他应受到充分的古典教育，父亲对他用心良苦，这使杰斐逊终生对他怀有感激及崇敬之情。在他的父亲身上体现着朴实敦厚的自由民与民主贵族完美的结合。

彼得死时共留下7500英亩土地及90余名奴隶，杰斐逊应得2500英亩土地和大约30名奴隶，此外还有书籍、数学用具等。每个子女还分得了在21岁以前不能支付的200英镑的现金，另外，杰斐逊要对幼小的弟妹负有教育的责任，对于姊妹们的嫁妆也要负责，而且在21岁以前，他的用度必须听从父亲遗嘱执行人的指示。

显然，这些使刚满14岁的杰斐逊一定程度上成为了一家之主，但他仍是个孩子。对于这么沉重的担子他挑得起来吗？无论如何，读书仍是那时他要做的第一件事。

杰斐逊进入了距夏德威尔有6英里路的摩莱小学

校读书。这里的一位老师是英国国教的教士，仇视非国教的许多教派，也看不起普通群众和印第安人，而杰斐逊无论在宗教和对人民的看法上都和他水火不相容，两个人时常发生争吵。但是在这里，杰斐逊学习了希腊文和拉丁文，也学习了阅读方法，尝到了读书的乐趣，第一次步入了学问的殿堂。因此，多年以后，杰斐逊仍对这位摩莱教士十分感激。

在这所学校读书也是杰斐逊一生中最幸福的时期之一。修长的身材，赤褐色的头发，有一双明澈眼睛的16岁时的他，在学校里结识了许多新朋友，其中有詹姆斯·麦迪逊。

杰斐逊喜欢户外活动，经常和朋友们一同上山打猎，经常在森林及野地上骑马散步，又爱好拉小提琴而且技术娴熟。他尽情地享受着青春年少无忧无虑的生活。

少年时所受的教育使杰斐逊受益匪浅，这时的他已成为一个健康的、勤奋的、能够充分利用时间的年轻人，品质优秀、志趣高雅，对学问孜孜以求，经常是在别人玩耍时，他坐在桌前读书。

从摩莱学校回家后，杰斐逊日益为家中琐事所烦恼。夏德威尔庄园经常要接待许多宾客，而且在待客礼仪上又有许多讲究，要花费许多时间。渐渐地，他意识到如果继续留在自家庄园的话，就没有时间读书，很可能变成游手好闲的人，永远不会有所成就，于是他决定离开。

1760年春，这位17岁的少年离家前往威廉斯

堡，进入威廉玛丽学院，接受更高层次的教育。

在威廉玛丽学院学习的几年是杰斐逊日趋成熟的阶段。在这里，这位富有的乡绅的儿子结交了几位对他终生有益的老师，也是从这里，他开始有了自己的思想，学会了真正的思考，并促使他走上了革命的道路。

1760年时的威廉玛丽学院条件很差，只有文法、哲学、神学及印第安语4个系。包括校长在内的教师只有7人，师生一共不超过100人。杰斐逊进了哲学系。

由于教职员都是英国国教的教士，因此，这所学

1775年4月19日，莱克星顿的枪声揭开了美国独立战争的序幕。

院教书的目的也类似于一所神学院，以教化和培养弗吉尼亚的年轻人，相对来说，对科学知识教授得不够。这令杰斐逊十分反感，他认为自己更有能力学习科学。然而，他是幸运的，他遇上了一位非国教教士的英国教授威廉·斯摩尔先生。

斯摩尔是两年前才到这里的，是一位自然科学家，极富造诣，又有绅士风度和自由主义精神，是一位对学生极有感染力的人。杰斐逊所修的课程将近一半是斯摩尔教授讲的。这位教授也慧眼识珠，看出杰斐逊是位有前途的青年，所以两人很快成为好朋友，朝夕相伴。斯摩尔教授也许决定了杰斐逊一生的命运，他不仅使杰斐逊从困惑和威廉斯堡浮华的风气中解救出来，向他传授了大量的科学知识，最重要的是启发了杰斐逊自由思考的能力。对杰斐逊来说，这是他最早的启迪者和鼓励者。

斯摩尔教授又向杰斐逊介绍了另一位教授乔治·威思。威思是位法律教授，是弗吉尼亚第一流的法律学者，他学识丰富，治学严谨。杰斐逊很快成为威思的门徒，杰斐逊亲切地称其为"我的忠实可爱的导师"。两位教授都十分重视这位天生喜静、好读书、冥想和思辨的青年人，所以又将他引荐给另一位博学的人——弗吉尼亚殖民地代理总督弗兰西斯·佛奇尔。佛奇尔虽是一位官场中人，却爱好物理学和自然哲学，他研究自然现象，曾向英国皇家学会提出过弗吉尼亚降雹的情况，更使杰斐逊钦佩的是他的品德，纯洁无瑕，公正无私。这4个人很快组成了亲密的"四人集团"。

杰斐逊从这三位真正的老师在酒后桌边的谈话中学到的东西比任何学生在威廉玛丽学院学到的都多。从这里，他知道了牛顿、洛克、培根、卢梭和马布里，从航海、异国风情到税收问题、气象问题，又从学问到政治，无所不包，这使这位20岁不到的年青人增长

了见识，扩大了眼界，汲取了丰富的知识。

人的一生中有几个重要转折时期，抓住了时机，好好把握，就可以使其前途光明，有所造就；反之，就可能慢慢沉沦堕落下去，成为平庸者。托马斯·杰斐逊17岁时第一次来到大城市，没有被豪华奢侈的场面所迷惑，没有放荡享乐，没有沉溺于赌博、酗酒、赛马及调情的生活中，而是潜心读书，自求上进。这一方面是由于他好学的禀赋，另一方面则是得益于他的三位恩师。他们教给他知识，更教他如何做人，如何生活，使他轻易不放纵自己。

1762年斯摩尔教授返回苏格兰，但杰斐逊与另两位的交往仍未间断，直到这两位长者逝世为止。

大学读书期间，杰斐逊异常勤奋，每天学习时间长达15小时，过半夜后很久才入睡，而天刚破晓即匆匆起床，即使在假日也把四分之三的时间用在书本上。威廉玛丽学院的图书馆太小，满足不了他，他嗜书成癖，因此经常到书店买书。

他平生最恨懒惰，认为懒惰是好客的弗吉尼亚人最大的毛病。这一阶段，他用非凡的记忆力和清晰的思路为自己确立了全部的生活计划。摈弃娱乐的诱惑，以勤奋铺路，并能持之以恒，成为他最大的美德。同时，他坚持锻炼身体，每天走路和跑步，清晨用冷水洗脚，这使他一生中从未患过感冒。

杰斐逊兴趣异常广泛，既爱好希腊文法，又爱好牛顿的物理学；既学西班牙语，也学微积分；拉丁文的西塞罗著作，法文孟德斯鸠的著作，他都十分喜爱。

←本杰明·拉什，《独立宣言》签署者之一。

博览群书，纵观古今使他知识渊博却不呆板，能够用时代的眼光看待问题。

1762年初，杰斐逊爱上了漂亮的丽贝卡·伯韦尔小姐。丽贝卡送他一张用黑纸剪的侧面像，她一下子占据了他的心。然而，在次年10月的一次舞会上，当杰斐逊腼腆地向丽贝卡表达自己的感情时，少女却无动于衷。几个月后，杰斐逊再次求婚遭到拒绝，这使他有些痛苦，但他没有报复，也没有怨天尤人。在失恋中，他用"知足常乐"来克服苦恼。这一次的失败使他以后对待感情问题十分谨慎、理智。

相关链接
XIANGGUAN LIANJIE

弗吉尼亚州

弗吉尼亚是美国东部大西洋沿岸的一个州。是美国最初的十三个州之一。东临大西洋和切萨皮克湾，南接北卡罗来纳州和田纳西州，西界肯塔基州，北邻西弗吉尼亚州和马里兰州，与波托马克河对岸的首都华盛顿相望。

弗吉尼亚州作为美国历史最悠久的州之一，早在1607年，英国就在沿海的詹姆斯敦建立起北美第一块定居点。所以该州有"老自治领州"的别名。取名"弗吉尼亚"是为纪念英国伊丽莎白女王一世对开拓英国殖民事业的贡献。

1774年，弗吉尼亚议员建议召开第一届大陆会议。

1775年，弗吉尼亚人乔治·华盛顿出任北美13个殖民地起义军总司令。

1776年7月4日，第二届大陆会议通过弗吉尼亚代表托马斯·杰斐逊参与起草的《独立宣言》。

1781年10月19日，英军在该州约克敦向美法联军投降，独立战争结束。

1788年6月26日，该州批准联邦宪法，成为第十个加入联邦的州。南北战争时期，弗吉尼亚州受灾最重，该州是南部同盟的前哨阵地，而里士满又是南方同盟的首都，因而成为主要战场。许多惨烈的大战都发生在这一地区。

由于该州位于南北之间的过渡地带。北方各县人口密集，具有类似首都华盛顿的大城市风貌；南部地区仍带有几个世纪以来农业生活形成的保守色调，许多地方都显示出美国早期的贵族传统，"弗吉尼亚绅士"也成为有高度文化素养的同义语。

美国历任总统中，有8位是弗吉尼亚人，他们是：乔治·华盛顿、托马斯·杰斐逊、詹姆斯·麦迪逊、詹姆斯·门罗、威廉·哈里森、约翰·泰勒、扎卡里·泰勒和伍德罗·威尔逊。所以弗吉尼亚州又被称为"总统之乡"。

年轻的弗吉尼亚律师

即使苍天崩落，亦要维护正义。

——杰斐逊

　　有着丰富历史、哲学和文学知识的杰斐逊反复思考着自己未来的人生道路，他没有选择风花雪月、寻欢作乐的富家子弟生活，而是立志做一个正直的、有益于人民的人，去维护人间正当的权益。从威廉玛丽学院毕业后，他决定学习法律。法律是一门比较乏味的专业，似乎与他明朗的性格不符。但杰斐逊仍选择了它，他是出于一种社会责任感，认为律师可以为社会服务，实现自己的愿望。

　　当时，在殖民地没有法律学校，有志于以律师为职业的人只好当律师的学徒。杰斐逊师承威思，学习法律。当时北美殖民地继承了英国的传统，没有成文的法典，只有习惯法，所以一个人要想学法律，必须消化大量的案件及判例，从实践中学习。杰斐逊在这方面下了很大的功夫。

← 任弗吉尼亚州长时的杰斐逊

　　杰斐逊从研读大量有关法律原理的书入手，其中包括爱德华·科克写的有关财产所有权问题著作的注解，还有关于法学、历史及政治哲学的著作。此外，在学习法律期间，他读了洛克、西塞罗、孟德斯鸠、莎士比亚、弥尔顿、维吉尔、希罗多德、荷马、伏尔泰等名人的著作。其中涉及历史、政治、伦理、文学以及科学等方面。他认为法律需要和其他学科有密切的联系。所以他手不释卷地遨游在书海中，为其以后的法律及政治生涯打下了良好的基础。

　　在威思先生的指导下，他刻苦勤奋地学了5年法律(一般人只学一年就可以成为律师)，这使他成为北美最有学问的青年。他的身边，聚集了许多相知的朋友：其中最密切的是达布尼·卡尔，两个人中学时即是同学，大学亦是，然后又共同学习法律，成了莫逆之交。闲暇时两人在田野中畅游、漫谈，在许多问题上都有相同相似的看法。

　　在杰斐逊家乡的山坡上，有一棵枝繁叶茂的大橡树，在这棵大树下，两人探讨人生的奥秘，政治、哲学和文学等问题，以致两人相约：如果谁先死，另一个人就把他埋葬在这一棵橡树下。不久，卡尔与杰斐逊的妹妹结了婚，两个人更加亲密了。卡尔是位活泼开朗、善于寻找快乐的人，他为人诚实，不好奢侈，

　　洛克（1632-1704），第一个全面阐述宪政民主思想的英国哲学家。

乐观豁达，无忧无虑。杰斐逊与他为友，自然也有了许多乐趣。他们对友谊也倍加珍惜。

　　学习法律期间，杰斐逊回到了夏德威尔，以后是定期上威廉斯堡向威思老师求教。他把大部分时间用在经营自家的庄园和独立学习上。学问的增长使他日益严谨，也使他向形成自己的政治理论方面发展。他的笔记——"读书札记"是从学法律时开始写的，也是他留下的重要史料。他把从书中看到的内容，凡是认为有价值的，都摘录下来，同时也夹杂进自己的感想。这是在他思想成长的岁月中，在大胆追求知识的过程中，记载着自己思想变化的重要笔记。

　　以洛克和凯姆勋爵为主的英国启蒙思想对杰斐逊影响很大。在其他人那里，他掌握了继承制和殖民地有自治权利的思想；读《希腊史》时，又启发了他人民主权的思想。所以说，这段时间，他不仅学习了法律，而且思想上也迅速成长起来了，他开始用心思考许多问题。在以后的许多年里，他积极为废除长子继承制、实行宗教自由法案而努力，其思想渊源在这时即可寻到。那么他日后伟大的一页——成为《独立宣言》的起草人，怒斥英王暴政，宣布美利坚合众国独立、摆脱英王统治的思想又源于哪里呢？这来自1765年他的另一个转折点，他遇见了美国革命的先驱、北美殖民地中最富有说服力鼓动力的讲演家帕克里特·亨利。

　　亨利当时为弗吉尼亚议会的议员，在一次杰斐逊旁听的议会辩论中，他慷慨陈词，谴责英国议会对北美的压迫，当有人说他叛国时，他大声说："如果这是叛国的话，那就继续进行吧。"这段话对杰斐逊产生了深刻的印象，他以赞赏的口气称他伟大，认为他所说的话就像是荷马所写的，是个天才，是别人无法媲美的。亨利的话成了政治斗争的名言和战斗的口号，而杰斐逊也就此与政治结下了不解之缘，开始接触了政

←杰斐逊为自己的房子设计的草图

治，体会到了爱国感情，也由此开始了人生态度的转变。几年之后的1770年，在他的"读书札记"中有这样一段话："即使苍天崩落，亦要维护正义。"这句话被后来的革命者和激进派奉为座右铭。他的心中充溢了爱国主义和献身公职的崇高思想，建立了影响一生的道德观，未来他做的每件事都遵循着这条格言，义无反顾地走下去。

1765年秋，杰斐逊又经历了一次感情的重击，因为他最亲爱的长姊年方25岁的简死了，她是这位弟弟最亲昵的伙伴和知己，姐弟俩都酷爱音乐，喜欢共同聆听大教堂内庄严肃穆的教会音乐。杰斐逊对她有深厚的感情，甚至到了老年仍无法忘记。这时，他的姐妹相继出嫁，家中显得十分寂寞，简的去世又增添了他心中的惆怅。

1766年5月，在即将结束法律学习时，他平生第一次离开弗吉尼亚，做了一次旅行，来到了费城，拜访了一些名教授，交了几个朋友。他甚至冒着危险，自愿种了牛痘。最后又去了纽约，这次愉快的旅行，使他认识了外面广阔的世界。

1767年，24岁的杰斐逊，才华出众，又有谦谦君子之风，在其良师益友威思先生的引荐下，成为了弗吉尼亚议会的律师。他谈吐有礼，博学多才，思路敏捷，是个学者型的人物。他已长大成人了，要担负着全家人的生活。他拟定了计划，要自己再建一处住所，于是在里瓦纳河对岸着手建设蒙蒂赛洛庄园。他的前途似乎和其他弗吉尼亚青年一样，做律师，经管种植场，成家立业。但是，他又有许多不同常人之处，他还有许多单调而严肃的事要做。

首先，他要经营他的种植园。从1766年开始，他写"园艺簿"，一直坚持写到1824年。在"园艺簿"上，他记录了各种蔬菜的栽种时间、发芽时间、食用时间及成熟时间。有时画图表，整齐得好似版画，从中可以看出年轻的庄园主的有条不紊。他热衷于改进耕种方法，改良种子，引进新的作物，这使得他的庄园上的蔬菜花样奇多，别的庄园见了纷纷向他讨教。他还记录每天的天气情况，有时是一天3次。他还必须在这片田产上修理栅栏、墙壁、道路和桥梁，种植树木，生产的粮食必须供养夏德威尔的一大家子人和络绎不绝前来旅游和访问的人。他是一位精明能干的农场主。但是，他更主要的成就是在律师这个职业上。

5年的律师学习，使他有了出类拔萃的业务水平，这使他的律师做得一帆风顺。他在威廉斯堡设有一个办事处，有时也回家中去，也要骑马巡回于邻近诸县。在平常谈话时，他的声音悦耳而柔和，但一旦提高声

调，却十分低沉，他讨厌装腔作势，不愿在大庭上表现自己的能力。虽在语言上对事实的陈述细致、清晰、准确，但相比之下，他更喜爱用笔杆子来表达自己的意愿。在写文章方面，也极少运用修辞或运用动听美丽的词汇，平铺直叙陈述事实是他的风格，用逻辑感强烈而又严谨的语言表达一切是他终生的爱好。

这个负有责任感的人正像自己所指望的，成为一个像他老师威思先生那样正直而诚实的律师。从1768年起，到1771年，他充当法律代理人或律师的案件已达430起之多。他的主顾中有弗吉尼亚世家大族中的主要成员，其中有伦道夫家、佩荷家、纳尔逊家等等。在其后从事律师的12年中，他为工作花费了相当多的时间，处理大量案件且收费低廉。无论是邻里纠纷、遗嘱纠纷、地产管理还是打架斗殴等等，都构成了杰斐逊日常法律事务的内容。

在案件辩护中，他以博学多闻见长。阅历和对人性的见解影响着他的哲学思想及价值观念。

杰斐逊性格真诚友善，待人温和大度，但这种感情下面却隐藏着一种强烈的自信和勇敢无畏的精神，这些美德使他远近闻名，享有很高的威信。

26岁那年，杰斐逊被选为弗吉尼亚议员，并任阿尔贝马尔县马步兵总司令——杰斐逊开始步入政界，

担任国务卿期间，杰斐逊与汉密尔顿在政策上的斗争非常激烈。

接触更多与国家命运相关的问题。1769年5月议会开幕，4月，杰斐逊动身去弗吉尼亚首府——威廉斯堡。"春风得意马蹄疾"，这位意气风发的小伙子，骑在马背上，在弗吉尼亚春天特有的迷人气息中向威廉斯堡飞奔而去。他相信：自己有责任也有能力担负起任何重大的事情，前途虽然坎坷，但不应畏惧。

相关链接
XIANGGUAN LIANJIE

费　城

　　费城是美国最老、最具历史意义的城市，在美国城市排名第四，费城是德拉瓦河谷都会区的中心城市，位于宾夕法尼亚州东南部，市区东起德拉瓦河，向西延伸到斯库基尔河以西，面积334平方公里。它在美国史上有非常重要的地位。

　　费城的英文名字由两个希腊单词组成，Philos意思为"爱"，adelphos意思为"兄弟"。

　　1682年，英国探险家威廉·潘发现并命名了费城。同一时期，当地建了357间屋子；到了1699年，人口已快速成长为7000。18世纪中叶，费城的贸易额已超越了波士顿。之后，费城扮演了重要的角色，《独立宣言》在这里起草与签署，第一次和第二次大陆会议也都是在此召开，美国宪法草案也是在费城起草和签署。贝茜·罗斯在这里设计并升起了美国国旗；国父乔治·华盛顿也在此留下了不少岁月。这个城市不仅为美国的诞生地，也是美国的第二个首都。

时 代的召唤

> 我已经在上帝圣坛前发过誓，永远反
> 对笼罩在人类身上的任何形式的暴政。
>
> ——杰斐逊

　　杰斐逊一生的命运与其国家的命运紧密相联。当时的北美仍是英国的殖民地，受英国国王的统治。到了18世纪70年代，北美大陆上独立的倾向愈来愈强，革命的念头以排山倒海之势冲击着殖民地人民。

　　从1607年英国弗吉尼亚公司在北美建立的第一块殖民地开始，一个半世纪的时间已使这块原本人迹罕见、荒凉恐怖的大陆发生了巨大的变化。到18世纪中叶，北美的政治、经济、文化等各方面都有了很大的变化。对外贸易(主要是走私)相当繁荣，出现了不少繁华富庶的城市。在南部，种植园到处可见，黑人奴隶为庄园主服务，商品经济开始发展。由于经济上的相互联系，各殖民地之间来往密切，13个殖民地基本上形成了一个经济整体。同时，共同的语言、共同的心理素质渐渐使这块由移民组成的大陆上，出现了一个

崭新的民族——美利坚民族。

英国对北美执行重商主义殖民政策，对北美经济实行各种限制，其目的在于要把北美殖民地变为英国工业廉价的原料供应地及倾销商品的市场。但在1763年以前，英国并没有严格执行这个政策，北中部商人也拒绝遵守英国的法律，所以北美人并未深刻感受到英国对殖民地的剥削。同时，由于殖民地由英王任命总督直接统治，在殖民地社会政治生活中，渐生出一些民主因素。每个殖民地都有议会，议会由选举产生，经过数十年议会与总督之间的权力之争，议会的权力逐步扩大，不但握有立法大权和财政大权，而且又从总督手中夺走一部分行政权，议会已处于权力中心的地位。这使北美人民享有一定的民主，同时也削弱了英国在北美殖民地的统治基础。除此种类型的殖民统治外，有些地方实行地方自治。总之，此时的北美无论经济、政治上都已与英王统治愈离愈远了。

1756—1763年，英法之间爆发了为争夺殖民地而进行的7年战争。英国虽取得胜利，但却耗尽了财力，借了大量外债。因此，英国政府开始加紧搜刮北美殖民地，大力打击走私活动，而走私是北美贸易的主要方式。1764年颁布的糖税法、1765年的印花税法、1767年的汤森法例等，都对北美进口的许多货物课以重税，这些压制大大加深了殖民地与英国之间的矛盾，各地掀起了反抗斗争。此种情况下，弗吉尼亚议会也开始了斗争活动。

1769年的弗吉尼亚议会如期开幕了，杰斐逊有生以来第一次进入议会大厅就坐议员席。先由总督致开幕词，然后由议员代表致答词。刚进入议会的杰斐逊被选为代表，这是因为同事们想试试这位初出茅庐的青年的才华。但是，这一次他做得不好，答词中多是谄媚奉承之词，表示了效忠的心情，之后，杰斐逊也十分懊悔，他发誓以后再也不做此种事情。

议员们多半是刚劲而自信的政治活动家，他们是用共同的利益联系在一起的，因此充满了团结的精神。他们共同反对英国议会颁布的不利于殖民地的法律，并且宣称有权向殖民地征税的是殖民地议会，而不是英国议会。

这样不驯服的议会，总督波特托决定解散它，但议员们决心斗争到底。以乔治·华盛顿、杰斐逊、帕特里克·亨利、理查德·亨利·李4个人为核心人物，发起了抵制英货的运动。这样，杰斐逊终于投身于弗吉尼亚革命的浪潮之中，为取得合法的权益，为美国独立而奋斗的生涯开始了。

抵制英货的行动使弗吉尼亚的爱国者行动起来了，

所有的县成立了"不进口协议"委员会，委员会成员由各县的有声望有地位的人组成，为了抵制英货，他们都宁可放弃上流社会舒适的生活。年轻的杰斐逊在这个委员会中出力最多，他在本县积极参加"不进口协议"的执行及监督活动。

殖民地人民抵制英货的运动产生了效果。英国商人损失巨大，于是英政府决定让步。

1769年8月弗吉尼亚议会重新选举，杰斐逊又当选了。议会的成员都十分优秀，其中包括声名遐迩的乔治·华盛顿、以雄辩而驰名的帕特里克·亨利，身材魁梧而又从容不迫的佩顿·伦道夫，这些都是富有经验的政治活动家。有的人主张用激进的办法解决殖民地与英国的关系，有的则主张在不反对英王的情况下，取得合法的权益。潜心研究政治史及哲学的杰斐逊认为应斩除这种臣属关系，使北美殖民地回复到他们原来的自然状态中去。

1770年10月到1771年10月弗吉尼亚反英斗争渐趋平静。这时弗吉尼亚新总督邓莫尔到任，下令重新选举议会，1772年2月，新议会开幕。

邓莫尔总督采取强硬的手段压制殖民地人民的斗争。1772年，一起事件又重新点燃了斗争的火焰。6月，英国派来的关税巡逻船"戛斯皮号"遭到群众的袭击，并被焚烧。调查委员会建议：凡是肇事者，都被送往英国受辱。此事引起了全国性的反英活动，弗吉尼亚当然也不例外。1773年初的一天，在威廉斯堡雷利酒店的一间密室里，杰斐逊与理查德·亨利·李、帕特里克·亨利等人召开秘密会议，他们把反英看作是大家共同的事业，要采取统一的行动，建议各地成立通讯委员会来指导共同的对策。秘密会议由杰斐逊起草决议向议会公布。决议公布后，邓莫尔马上解散了议会，再选举时，杰斐逊又被选为议员。

在杰斐逊等人的努力下，弗吉尼亚通讯委员会终于成立了，它推动了其它殖民地成立这样的组织，有助于把13个殖民地连成一气，使反英运动在各地更普遍地展开。

1773年12月，发生了震惊全英国的"波士顿倾茶事件"。波士顿群众把大量的东印度公司的茶叶倾倒到大海中，英国当局决定报复。他们宣布从1774年6月起封锁波士顿港，禁绝一切对外贸易，并调动军队前往波士顿进行镇压。这一行动激怒了广大的爱国民众。消息传到弗吉尼亚后，杰斐逊等4人坚决支持波士顿人民，他们认为"把人民从昏睡中唤醒"，最好的办法是建议指定6月1日为绝食祈祷日，发动全体人民举行祈祷，祈求上苍保佑北美人民。杰斐逊参与了这个计

划的制定，并发表了告人民书，他用震撼人心的词句告诫人民："对于我们姊妹殖民地的进攻，就是对美利坚的进攻。并且势将摧毁一切人的权利。"他动员大家要发挥整个美利坚团结起来的智慧，共同抵御到底。这时的杰斐逊无疑已成为弗吉尼亚反英革命的领袖。

祈祷绝食活动按期举行。这一活动，唤醒了每个人，使民众团结振奋起来，北美人民反英活动如火如荼地开始了。

从1769年杰斐逊就任议员起已5个年头了。这期间他的私人生活中发生了不少事情。

蒙蒂赛洛小山上盖的新居在1769年已差不多完

↑1773年4月，杰斐逊等人成立了弗吉尼亚通讯委员会。

工，杰斐逊自己绘制了建筑图，按自己的意愿来设计这幢住宅，又在前后的山坡上栽满了果树。这座红砖房舍后来成为杰斐逊的故居。

1770年2月，全家人居住的夏德威尔庄园发生了火灾，他的全部文件和几乎所有的书都化为灰烬，惟有他的"读书札记"幸免于难，但一直到1851年才在一只旧箱中发现。杰斐逊对烧掉的书籍深为痛心，惋惜之情无以言状。失火后，全家人搬进了蒙蒂赛洛的新居，杰斐逊很快又开始购买书籍，因为没有书，他是无法生活的。他写信向伦敦订书，把差不多四分之一的年收入用在了买书上。两年后，他拥有了1250册书，一个小型的图书馆又建立起来了。

另一件他生活中的大事是，1771年12月，他结婚了。

初恋失败的杰斐逊有段时间对女人失去了信心。但到了25岁那年，他错误地爱上了朋友的妻子，遭到拒绝后他礼貌地走开了。这可以理解为年轻人的一时冲动。但这个事件使他在40年后遭到了政敌的攻击。杰斐逊对于这段历史毫不隐瞒，他犯了错误之后改过了，之后再也没有打扰这位美丽的女士。最终，他是幸运的，他得到一位他真心热爱的女性，一位高雅的女士：玛霞·威尔斯。

↑一群波士顿市民正逼着一个满身粘满羽毛的海关官员喝茶

　　这是一位年方21岁的寡妇。她出身高贵，父亲是位知名律师，颇有名望。杰斐逊因与玛霞的父亲有财务往来，才结识了玛霞。玛霞相貌秀丽，体态匀称，自幼受过良好教育，才华出众。她舞姿优美，会弹大钢琴和古代钢琴；她心地善良，性格爽快，有学识有见地，招人喜爱；她善于操持家务，替父亲管理种植园的帐目。杰斐逊深深地爱上了她，这位生性腼腆的青年这一次借了他所酷爱的音乐的光。玛霞同样喜爱音乐，两个人常在一起弹琴唱歌，最终她答应了他的求婚。

1771年，杰斐逊结识了玛霞·斯克尔顿，他们结婚后生活了十年，直至玛霞去世。

　　杰斐逊真心爱着玛霞，在他计划的每一个幸福方案中，玛霞是顶重要的角色。1772年1月1日，两个人在威廉斯堡举行了婚礼，当时正赶上了弗吉尼亚降大雪，新婚夫妇决定冒大雪回蒙蒂赛洛，由于道路不通，马车无法行驶，路上只好骑马而行，虽然又冷又黑，但却既浪漫又兴奋。两人在风雪中至深夜才到达蒙蒂赛洛，房间特别寒冷，两个人没有惊动仆人，悄悄进了房间。新郎发现了一瓶酒，两人便共饮一杯酒以表祝福，愿生活的美酒也这样清醇甘冽，回味无穷。

　　这对年轻夫妇婚后的生活是十分美满的，玛霞知道如何照顾家务，记录种植园的帐目，杰斐逊也是一位合格的丈夫，对妻子十分关心和体贴。这是一个幸福和谐的家，他们共同生活了10年，生了6个孩子，只有两个女儿最后长大成人，其余的都早亡了。

　　似乎生活中没有十全十美的事。1723年，杰斐逊正在享受家庭生活的欢乐时，他的挚友知己兼妹夫达布尼·卡尔不幸早逝，死时不到30岁，卡尔伴他度过少年和青年时代的大部分时光，是他十分亲密的伙伴。杰斐逊痛苦万分，把他埋葬在两人经常光顾的那棵大橡树下，实现了他为朋友许下的诺言。卡尔的妻子及6个遗孤被接到他蒙蒂赛洛的家中，杰斐逊担负起抚养他们的责任。

虽然经历了人生的大喜大悲，杰斐逊依然是乐观的。他的思想已初具雏形。通过读古希腊、罗马的历史、哲学等书籍，通过步入政界后的接触与感知，他对国家、对制度形成了自己的看法。首先，他相信理性，反对愚昧，反对一切专断权力，反对教会权威，重视思想自由；他仇恨暴政，认为门第与财富的贵族是"人为的贵族"，应加以否定，希望培养天才的、有德的"自然贵族"，去代替"人为贵族"来统治国家。最后，杰斐逊接受了孟德斯鸠的三权分立学说，他认为，权力如果不加以限制，势必会演变成暴政；而人民的主权是最应加以肯定的。

因此，在18世纪70年代初，杰斐逊已接受了启蒙

←蒙蒂赛洛庄园西南正门

思想的基本精神，并成为一名民主思想家，在他心中，民主思想已成为有血有肉的东西了。

　　杰斐逊这时对基督教发生了怀疑，放弃了对基督教的信仰。但他又非无神论者，而成为了自然神论者。他认为，国家对宗教不应干涉，宗教是个人理解的东西，不需把自己的意志强加于别人身上；各个宗教也应平等相处。关于宗教的自由论导致了他思想开阔，而关于自然权利的学说才是他民主思想的基础。自然权利学说是他在长期学习法律中通过阅读大量书籍而钻研到的。英国思想家洛克及法国启蒙思想家大力宣扬：人天生应拥有某些不可割让的自然权利，如生命、自由及拥有财产的权利。杰斐逊对此大加推崇，在他以后对美国的政府、政治制度谋划时，首先移植了这些思想。

　　此外，他反对奴隶制，认为这是不符合人类法则的。在这个问题上，他十分矛盾，一方面他大力抨击奴隶制，另一方面却大量拥有奴隶，他家共有200多名奴隶。也许这是制度问题，是他一朝一夕无法解决的，也是他无法违抗的。

　　此时的北美，同宗主国之间的关系成为最难解决的问题。杰斐逊通过阅读大量有关英国、欧洲的政治史、法律学的书籍，了解英国的祖先盎格鲁——撒克逊人的社会与制度。在此基础上，1774年他发表了意在使北美脱离英国统治的《英属欧洲权利概述》。这部书的中心内容是否认英国国会有权在殖民地发号施令。他从历史角度来分析英国政治制度，追溯了盎格鲁——撒克逊人统治时的社会制度，那时，人民享有充分的自由。直至诺曼人征服英国后，开始了暴政统治，其后虽经历了几次斗争，但这种暴力统治仍压迫着人民。同样的道理，在北美这块以前人迹罕见的土地上，第一批英国移民到来时，他们也是自由人，也拥有许多权利。他们已割断了同母国的联系，重新拥有天赋权利，他们建立了社会，这是基于自然权利之上的，英国无权对北美行使立法权。

当时，由于革命的条件不成熟，独立还是个没有人敢于提出的字眼，所以杰斐逊在这部书中表示北美并不希望脱离英国而独立，但在最后，他宣称："国王是人民的公仆而不是人民的主人，国王应接受自由和开阔的思想。"这种直接的挑战引起了极大地反响。这本小册子发表后在英国出了好几版，引起了英王乔治三世的愤怒，把他列入了黑名单。这仅仅是杰斐逊反叛思想的前奏曲，他惟有一个信念：我们是自由人，我们的社会也应是自由的。我们必须为此而奋斗！

历史使其明智，哲学使其深刻。杰斐逊的目光更

↑1791年任国务卿时的杰斐逊

加深邃，志向更加远大。时代的呼唤，责任感的驱使，使他的内心充满了一种精神——美国精神，这种精神最先做的便是反抗，反抗那个压迫他们、束缚他们自由的力量，他要为他的民族、他的"国家"奉献出自己所有的才智和能力。他从未想过要留下千载芳名，然而。他的勇敢无畏，他的所作所为使他永远把自己的名子刻在了历史的丰碑上……

相关链接
XIANGGUAN LIANJIE

波士顿倾茶事件

波士顿倾茶事件又称波士顿茶党事件。长期以来作为欧洲两大强国的英国和法国，一直在为争夺欧洲和世界霸权而征战不已，1763年英国在7年战争中最终取得了对法国的胜利，法国被迫将整个加拿大让给了英国，并从整个印度撤出只保留了5个市镇，英国从此成为殖民霸主，逐渐迈向了日不落帝国。但是英国将这次战争的战费转嫁到北美殖民地的身上，引发当地居民的不满，这就引发了波士顿倾茶事件。

1773年英国政府为倾销东印度公司的积存茶叶通过了救济东印度公司条例，它给予东印度公司到北美殖民地倾销积压茶叶的专利权，免交高额的进口关税，只征收轻微的茶税，条例明令禁止殖民地人们贩卖私茶，东印度公司因此垄断了北美殖民地的茶叶运销，并输入的茶叶价格较私茶居然便宜一半还要多。这个条例引发了北美殖民的极大愤怒，我们要知道，当时北美殖民的人

们饮用的走私茶占消费量的十分之九，由此可见，买走私茶的人是相当多。当然，北美殖民地人们愤怒的原因主要还不是茶叶征税本身，而是我们今天所说的倾销。当年的11月，7艘大型商船浩浩荡荡开往殖民地，其中4艘开往波士顿，其他3艘分别开往纽约、查里斯顿和费城，船还没靠岸报纸评论便充满了火药味，纽约、查里斯顿和费城三地的进口商失去了接货的勇气，数以吨计的茶叶不得不再被运回伦敦。

而运往波士顿的四艘茶叶，成为美国波士顿居民对抗英国国会的政治示威，成为了美国革命的关键时间点。1773年的12月16日，塞谬尔、亚当斯率领60名自由之子化妆成印第安人潜入商船，把船上价值约1.5万英镑的342箱茶叶全部倒入大海。此举被认为是对殖民政府的挑衅，英国政府派兵镇压，终于导致1775年4月美国独立战争的第一声枪响。

走出弗吉尼亚

不看到光明与自由稳步前进的希望，
我将死不瞑目。

——杰斐逊

伴随着北美反抗英王统治运动的深入，革命进入了一个新阶段，13个殖民地决定联合起来，共同行动。1774年9月，在费城召开了第一届大陆会议。1775年3月，弗吉尼亚第二次人民代表会议召开，帕特里克·亨利在会议上发表了著名的演说，提出了战斗口号："不自由，勿宁死。"决心用武装斗争来取得独立，弗吉尼亚人民坚决表示：将同兄弟殖民地同命运共呼吸，决不单独和解。

大陆会议主席佩顿·伦道夫推选杰斐逊进入大陆会议。1775年6月，这位年轻的律师离开威廉斯堡前往宾夕法尼亚的首府费城，开始了他人生的一个新阶段。

杰斐逊寄居在费城的一个木匠家中，时年33岁。

担任国务卿期间，杰斐逊与汉密尔顿在政策上的斗争非常激烈。

他是大陆会议中第二个最年轻的成员，但却已蜚声北美了。在这里，他遇见了以后的朋友，也是敌人的约翰·亚当斯。亚当斯对杰斐逊极为欣赏，认为他虽"沉默寡言"，但却十分敏捷、明朗、果断。的确，杰斐逊有着非凡的才学及良好的气质，是个容易打动人心的人。

5天以后，他被任命为《必须采用武力宣言》起草委员会的主席。在草稿中他措词尖锐，用深刻的语言表达了自己的思想政治主张。宣言中他痛斥了英王乔治三世的恶行，旨在唤醒美洲人民的反抗。最后，宣言又重申了杰斐逊终生信奉的理论，也是后来成为"美国精神"之一的观点：美国没有从旧的欧洲文明中得到任何好处，美国是一个自己创造的国家。真正提出了北美殖民地要摆脱英国，而成为独立国家的意图。无疑杰斐逊始终站在北美革命的最前沿。他为人民描绘了他们自己国家的蓝图：那是一个充满自由、民主、和谐的国家，他们的子孙们将立于世界民族之林，充分享受着自由所带来的幸福。

接下来的日子，杰斐逊往返于费城与蒙蒂赛洛之间，一方面因为他是阿尔贝尔马县总司令，此时弗吉尼亚形势紧张，原总督邓莫尔正准备进攻弗吉尼亚，他着手准备组织地方武装；另一方面，是他的妻子生病，母亲去世，他的头痛病复发耽搁了他。有4个多月的时间，他离开了大陆会议。

杰斐逊是个十分有人情味的男子，即使远在费城时，他也时刻担心家里的生活，如果长时间家里没有来信，他就会焦虑不安，害怕又有什么不幸的事发生。他刚刚失去了一个孩子，妻子受到了沉重打击，身体久久不能恢复健康。所有这些，使他回到了蒙蒂赛洛。也许在他的身上，对家乡的依恋和对妻子的牵挂都是非它事所能比的。他时刻都受到家庭义务的制约，甚至不惜抛弃大陆会议上的公事。这源于他是感情深刻

的人，热爱所有爱他的人和那片土地。直到1776年5月他才重回大陆会议，这期间，英美关系渐趋紧张，这样，美国历史上最神圣的文件——《独立宣言》诞生了。

这时，他乔迁到市场大街一所新盖的砖造公寓，房主人是一位砌砖工人。他住在二楼，有两间房，一间是会客室兼书房，另一间是卧室。他用餐是在市酒店，与一些同事共餐。他的书房常常彻夜亮着灯光，一些革命的主要领袖常聚集在一起拟定计划，也是在这间房里，写下了不朽的《独立宣言》。

这时，杰斐逊仿佛更是一个弗吉尼亚人，而非美国人。他身在费城，但始终惦记着弗吉尼亚，他想回去帮助制订有关弗吉尼亚宪法即未来政府的工作，但大陆会议挽留他，认为这里的任务更需要他。于是在13天以内，这位思想家昼夜工作，草拟出一部弗吉尼亚宪法，并修改了3次。在这部宪法上，他下的工夫其实比《独立宣言》还大，这是杰斐逊政治思想发展史上一个重要历史文献。他第一次有机会充分发挥他对社会和政府的看法。他的思想成熟而稳健，目前要做的是使这些计划能够得以实现，充分发挥其作用，展示其光芒。

因为草稿带到弗吉尼亚较晚，议会采用了约翰·

梅森的草案。杰斐逊的草稿只有一部分吸收到正式的弗吉尼亚宪法中。但宪法中体现的思想，如三权分立制度、参众两院的选举办法、宗教自由、新闻自由、废除

← 乔治·华盛顿

奴隶制等等都通通体现了杰斐逊在1776年政治思想的全貌，包涵了杰斐逊终生追求的主导原则，这些也成为了日后美国政治所遵循的原则。

6月1日，大陆会议宣布断绝同英国的关系，并任命起草委员会起草宣言，北美人民终于用独立来解决同英国的关系。起草委员会主要由杰斐逊、约翰·亚当斯、本·富兰克林组成，这三位都是美国革命的栋梁，是革命思想的集大成者。杰斐逊为主席，并为执笔人。约翰·亚当斯是马萨诸塞数一数二的著名爱国人士，是一位政治思想家及演说家，革命胜利后，他

继华盛顿之后成为美国第二任总统。本·富兰克林是当时北美名气最大、威望最高的老前辈，著名的思想家、政治活动家和科学家。他当过印刷工人，做过报纸发行人。早在26岁那年，他就发表了《可怜的理查历书》，此书连续出版25年。他有许多格言流传至今："光阴一去不复返"、"勤勉乃幸运之母"、"今日事今日毕，勿要待明日"。等等。他还发明了避雷针，改进了帆船、建立了北美第一所图书馆等，为推进北美的文化教育作出了贡献。

其后的半个多月时间内，杰斐逊在他的书房里埋头于起草和修改宣言的工作。没有任何可以参考的东西，他的脑中汇集了各种优秀的、先进的思想，这些东西在他的笔尖上流动出来，句句洋溢着革命的激情。他反复推敲着每一个字眼，力求做到完美无缺。宣言字里行间都流露出杰斐逊的真实思想情感，毫无做作，更没有华丽的词藻和虚伪的语言。这个宣言铿锵有力，逻辑严谨，层次分明，充分体现了杰斐逊思想的精华。这位热爱自由、平等的革命家把他的心愿都揉进了宣言中，而他的心愿亦即是北美人民的心愿，只有他，才是最能代表广大群众的。

杰斐逊的《独立宣言》是从理论上为北美反英斗争及宣布独立作辩护，为了表达这个重大时刻所诱发出来的气氛和精神，以博得全世界人民的同情与支持，他力求文章结构及内容上的明确有力。

宣言分为三大部分：

1. 人类成立政府的目的是为了保障人的不可割让的自然权利，如果政府侵犯人民的这些自然权利，这个政府应为人民推翻。

2. 英国国王这些年来一直侵犯北美人民的权利，并且怀有把暴政强加给北美人民身上的意图。

3. 北美人民推翻英国在北美的殖民统治而实现独立是理所当然。

这三部分是依据哲学的推理方法：大前提、小前提、结论，简洁明了。宣言开头使用不可辩驳的语气和哲理诠释出一个崇高的原理："我们认为下面的真理是不言而喻的：一切人生而平等，他们被造物主赋予他们所固有的不可转让的权利，即生命、自由以及追求幸福的权利……"这个为自由激情所冲击的哲学家道出了最让人信服的思想。

《独立宣言》下面的内容则列举了英王乔治三世压迫北美殖民地的种种罪行，共有28条。他说"北美历史是一部怙恶不悛、倒行逆施的历史，实不堪做个自由民族的统治者。"宣言最后用崇高而冷静的语气庄严地宣布：我们不得不脱离他们，以对待世界其他民

　　起草《独立宣言》的5人，从左到右：富兰克林、杰斐逊、亚当斯、利文斯顿、罗杰·谢尔曼。

族的态度对待他们，同我交战者，就是敌人；同我和好者，即为朋友。这等于宣布割断了的纽带，是这个年轻的国家诞生之际的起誓：北美人民决定时刻准备着为自己的自由和独立奋斗到底！

　　杰斐逊的思想源于他渊博的历史哲学知识，更为重要的是他能博采众长，并与时代紧密联系，用自己的思想内涵展示了美国未来的道路，也许这并非是主要的，最主要的是《独立宣言》代表了一种精神，无论是战争，还是和平，美国都会沿着这条路走下去的，这种精神，将永远成为美国人民生存的信条。这时的杰斐逊，被高尚的思想所感染着，由一位文雅的学者成为人民的代言人，为美国人民开辟"走向光荣和幸福之路"！

　　6月28日，宣言起草委员会提交了草稿，大陆会议开始进行修改，杰斐逊一直在场，他是极为敏感而极有自尊心的，默默地承受着别人对他的作品的无情阉割。有关谴责奴隶贸易的部分被削掉了，有的杰斐逊认为是必不可少的部分也被砍下了。亚当斯在会议辩论中常站起来为原稿的每一个字辩护。事后，杰斐逊称其为"辩论中的巨人"，对他十分感激。富兰克林也一直坐在这位年轻人身边，理解他的痛苦心情，眼睁睁地看着自己的心血被无情地评论的确是残忍的。这位长者便用一个小故事来安慰他：有个帽商即将开店，他做的头一件事是做一个漂亮的招牌，上面要有一些字，他想写：帽商约翰·汤普森制造和出卖帽子？

但要用现金购买。上面还画了一顶帽子。当他让朋友们修改时，第一个认为帽商与制帽连在一起太累赘，便把帽商二字砍掉了。第二个朋友说制造也要砍掉，因为顾客并不在乎谁制造的。第三个说现金购买几个字也是无用的，因为此地没有赊购的习惯，最后只剩下"约翰·汤普森出卖帽子"几个字，最后一个朋友说："出卖帽子？当然没有人认为你会白白把帽子送给人，那个词有何用？"于是出卖两个字也被砍掉了，接下来的帽子二字也被砍掉了，因为招牌上已经画了帽子，结果是，招牌上只剩下："约翰·汤普森"几个字再加上一顶画的帽子。

7月4日这一天大陆会议的讨论一直到傍晚才结束，经过投票，修改了的《独立宣言》获得通过。美国革命者们衷心地庆祝《独立宣言》的发表。7月5日，大陆会议公开发表《独立宣言》，3000名群众对此宣言报以震天的欢呼声，同时军队在"公共广场"上列队前进，礼炮连鸣，钟声震耳。群众焚烧了国王的画像，昭示美国人民对独立的拥护。"美国人民不仅宣布了独立，而且也把他们国王的权力夺到自己手中。"面对欢呼，杰斐逊仍是沉默而谦逊的。

欢呼的群众并不知道此时的杰斐逊的痛苦，母亲刚刚去世、爱妻被疾病缠绕。在写《独立宣言》期间，他一直忍着悲痛。7月26日，他给友人写信，诉说了自己的忧虑，表示迫不及待想回到弗吉尼亚。但一直等到他的继任者来了，他才回去。他想赶回去还有工作上的原因：他怀疑有些弗吉尼亚议员背后排挤他，在刚刚过去的选举上杰斐逊票数极少，他认为自己离家在外，而后院起火，陷害自己，这令他十分痛苦。

他刚刚回家，大陆会议的委任状已送到他的家中。大陆会议选派使节赴法，急需援助，结果杰斐逊和富兰克林及另一位先生当选。这是第一次他有机会访问世界，他本人也非常想去法国，看一看这个古老欧洲大国的文化。但思考了3天，他还是拒绝了，理由是"家庭情况十分特殊"。这个理由并不充分，所以引起了许多人的误解。实际上，杰斐逊有一个伟大的抱负，他想为实现自己的目标而奋斗。当他的朋友把实现独立看作是革命的最终目标时，他却认为这只是革命的

　　杰斐逊在1774年出版了《英属美洲权利概论》一书，书中极力反对英国的殖民统治。

开始。美国革命的最终目标是实现《独立宣言》中所构思的美好蓝图；实现每个人的自然权利，实现真正的"自治"。杰斐逊认为这个理论已被大家传诵了好几个世纪，但是重要的是把理论付诸于现实。一个民主的社会，不能建立在君主制基础上，而弗吉尼亚，仍保留了旧体制的特点，他要着手改造弗吉尼亚，在自己的家乡实现自己的目标，所以最后他选择留了下来。事实证明，他不仅是思想家，更是一个实干家。

相关链接
XIANGGUAN LIANJIE

大陆会议

大陆会议是1774年至1789年英属北美十三个殖民地以及后来美利坚合众国的立法机构，共举办了两届。

1774年9月5日，北美殖民地在费城召开了殖民地联合会议，史称"第一届大陆会议"。除佐治亚缺席外，其他12个殖民地的55名代表都参加了会议（多为富商、银行家、种植园奴隶主，佐治亚州因总督阻挠未参加）。大陆会议通过了要求英国政府取消对殖民地的各种经济限制和5项高压法令；重申不经殖民地人民同意不得向殖民地征税，要求殖民地实行自治，撤走英国驻军。如果英国不接受这些要求，北美殖民地将于12月1日起抵制英货，同时禁止将任何商品输往英国。大陆会议同时还向英王呈递了《和平请愿书》，表示殖民地仍对英王"效忠"。尽管这次大陆会议没有提出独立问题，但它是殖民地形成自己的政权的重要步骤。

第一届大陆会议之后，英王变本加厉地对殖民地采取镇压措施，引起 1775 年 4 月 19 日列克星敦康科德的武装冲突。在人民反英武装斗争和高涨的革命情绪推动下，1775 年 5 月 10 日，第二届大陆会议在费城召开。与会代表 66 人，新代表中有本杰明·富兰克林和托马斯·杰斐逊。波士顿富商约翰·汉考克被选为会议主席。在反英革命战争业已开始的情况下，大陆会议在性质上来说，已发展为国家政权组织，开始起着常设的中央政府的作用。会议于 1775 年 6 月 15 日通过组织大陆军和任命华盛顿为总司令的决议。10 月，大陆会议开始组织一支海军。11 月建立海军陆战队。12 月，在大陆海军"阿尔弗雷德"号舰艇上第一次升起一面用 13 条横道，标志 13 个殖民地联合的旗帜，这是美国国旗的雏形。1776 年 7 月 4 日，通过杰斐逊起草的《独立宣言》。该宣言宣称"一切人生而平等"，宣布脱离英国而独立。

1777 年 11 月 15 日第二届大陆会议通过《邦联条例》，1781 年 3 月 1 日获各州批准，开始生效。据此成立的邦联国会代替大陆会议，成为直到 1789 年 3 月为止的美国立法机构。

弗吉尼亚议员

一个人做出的努力很少，怎能获得硕果呢？甚至这样想，也是愚蠢的。

——杰斐逊

弗吉尼亚，是杰斐逊终身热爱的地方，这是一片迷人的土地，在这里诞生了许多影响美国命运的伟大人物。在杰斐逊的眼中，这里是古老与现代、理想与现实结合的土地，也是实现他愿望的地方。杰斐逊放弃了去国外开眼界的机会，转身投入到在弗吉尼亚消除旧观念、旧制度的改造工作。在他的心中，已对民主改革有了一整套纲领计划，他不仅想使弗吉尼亚成为一个政治民主、经济民主、教育普及、宗教自由和富裕平和的社会，而且想以此次改革为契机，以弗吉尼亚为样本，向全美国推广自由民主的制度，想使美利坚合众国成为全世界的民主楷模。这是一个宏伟的工程，是史无前例的。杰斐逊之所以想从事这样棘手的工作，是因为他的心胸中拥有了整个国家，美国刚刚成立，幼稚、弱小又面对战争的威胁，他要逐步改

造它。杰斐逊思考问题有着自己的角度，他一眼便看出：战争结束前的革命期间是推行改革的良好时机，趁热打铁最好，一旦战争结束，革命的热情冷却下来再重提改革，会在美国内部引起革命风暴，而这是杰斐逊最不愿看到的。他力求用和平手段，即通过废除法律去扩大人民的自然权利。

从1776年起，杰斐逊开始在弗吉尼亚议会进行立法活动，一直到1779年6月他任州长为止。3年中，他把全部的心血都倾注在弗吉尼亚的改革中。他提出的动议、起草的法案及他参加的委员会都是最多的。这3年也是杰斐逊在革命期间作为政治家从事最有创造性的活动的时期。这时，他的奋斗目标最为明确，他的政策最为灵活，也最充分地显示了他政治家的风度。直到晚年，他仍对此时的活动最感骄傲。

在弗吉尼亚议会中，杰斐逊赢得了最有威望、最有影响的地位，这是因为他把思想家的品质与一个政治家的行为融会在一起，并且善于处理好人事关系。他虽为人腼腆，但性格温良，用中国话来说就是"有儒者"气质，没有咄咄逼人的气势；虽为激进的议员，但讲话温文尔雅，不卑不亢；他的爱国精神更赢得同事们的尊敬。杰斐逊懂得如何把自己的思想主张灌输到他人身上，而且又颇有耐力，即使议会否决了他的议案，他也能耐心等待。

在弗吉尼亚，这是杰斐逊大展身手的好时机，更有他的恩师乔治·威思、朋友乔治·梅森、詹姆斯·麦迪逊（美国第四任总统）的帮助，杰斐逊逐渐地实现了他的构想。

1776年11月，弗吉尼亚选出修订法律的委员会，其任务是废除或修改现存的法律，并且提出新的法律，然后由议会批准。杰斐逊为主席，担任了大部分的工作。这也是一个缓慢、艰苦而细致的工作，它要求修订者有广博的知识、良好的判断力和出色的文字表达能力。这项工作直到1779年6月才完成。

修订过程中，杰斐逊大刀阔斧地修改了某些法律，

←弗吉尼亚大学正门圆屋顶

修改的标准即是以体现自由、民主、人权为主。如北美的刑法一直是按英国的习惯法和成文法规定的，实行起来比较残酷。处死人往往使用绞刑或大刑。法律也十分严格，如偷猪的行为如果犯了3次的话，要处以极刑。即使轻微的罪行通常是割耳、烙印等等，这些都刺痛了杰斐逊善良的心灵。他提出"罪行相称法案"，极力减轻刑罚的残酷性，使其更合乎人道主义，更加合情合理。他认为死刑只能应用于判国罪和谋杀罪，这一条得到了法律委员会的同意。

杰斐逊相信：应该矫正犯罪者的行为，而不应在肉体上消灭他，所以他为罪犯的生活条件及惩罚手段做了一系列的立法。"罪行相称法案"反映了起草人的思想和风格，整个渗透着开明的人道主义精神。然而直到10年后，杰斐逊起草的这一法案中的一些内容才被制定为法律。

除此之外，修订过的法律中，最著名的是"宗教自由法案"。为了通过这项法案，杰斐逊在弗吉尼亚议会上进行了最激烈的、旷日持久的斗争。他自己说：这是一生中最严峻的时刻。

他之所以为争取宗教自由而斗争，是因为宗教对社会秩序有着相当重要的影响。在北美13个殖民地中，有9个建立了官方教会，它们压迫或歧视其他教派，强制信仰官教；一切居民，都必须缴纳什一税，那些牧师们就靠民众的纳税过着寄生虫似的生活。他们对其他教派进行迫害，手段极为残忍。到了革命前夕，宗

← 约翰·亚当斯

教压迫大大减轻了，官方教会的威信每况愈下。但是杰斐逊看到：压迫非国教的教派的法律依然存在，说不准以后它会卷土重来。他认为当务之急就是制订一项宗教自由的法律。实现宗教自由，对实现思想、言论自由也能起到促进作用。

杰斐逊为此发表了大量有关教会及宗教问题的言论。其所用的精辟的论断、详实丰富的材料是那个时代的任何人都难以相比的。他认为宗教和婚姻家庭一样，是个人的私事，任何人都无权干涉，国家更无权干涉。国家根本不应支持或反对任何一种宗教，而宗

教一旦成为国家的工具，就会成为对自由的威胁。历史证明，教会与国家的结合，只会导致暴政。

杰斐逊的这些思想，既明白易懂又有深远的意义，可以说是有关宗教自由的经典言论。然而，这却大大触动了宗教界，杰斐逊不得不与其进行针锋相对的斗争。他利用各种时机心平气和却又坚定不移地说明宗教自由的必要性。这时，他充分应用了他渊博的学识和善于说理的天才，为自己夺得一块又一块的"阵地"。

在关键时刻，乔治·梅森和詹姆斯·麦迪逊这两个得力的助手出现了，他们为他摇旗呐喊。但离最后的胜利相距太远了，一直到革命胜利后，到1786年，这个"宗教自由法案"才最终成为正式法律。

这个法案在美国历史上保证了所有公民，不分种族，在信仰上一律自由。它不仅是一个宗教自由的法案，也是有关人类思想和精神的自由而神圣的宣言。这个法案被通过时，杰斐逊正旅居巴黎，听到这个消息后，他欢乐之情溢于言表，深为自己的胜利而感到欣慰。

改造弗吉尼亚的工作艰难、曲折，但杰斐逊仍提出一个又一个议案，他心中只有一个愿望：让弗吉尼亚成为民主的星星之火，点燃独立的美国大地。他为

　　了改革大土地所有制实行自由的土地所有制，让每个
农民都拥有一份土地，力陈废除限定嗣续法和长子继
承制，他认为这两项古老的法律使土地日益集中，不
能达到公平合理的人人拥有。这次他发起了向传统、
向旧势力的进攻。为此引起了保守派的阻挠和反对，
有的人竟恶言攻击他是"白昼的酒鬼"，而杰斐逊对此
却淡然处之，嘲讽他们是"由于丧失社会地位而哀鸣
的绅上"。这两项法案虽然最终获得了通过，但却未动
摇大土地所有制。在建设弗吉尼亚民主和废除奴隶制
上，杰斐逊都遭到了失败。杰斐逊重视人的尊严，他
认为，奴隶的存在是对白人的纵容。此外他对奴隶所

← 美元上的托马斯·杰斐逊

受到的苦难也深表同情，他一直为解放奴隶而斗争着。在那个时候，他就具有了深远的眼光，认为奴隶制的存在会影响美国社会。的确，奴隶制问题在半个多世纪后，终于使南北方用战争的形式来解决。

随着改革的深入发展，杰斐逊发现保持民主使其不变质的重要途径是发展教育，提高国民的素质，才能防止暴政。在此之前，杰斐逊已提出限制权力的学说。他主张权力分散，中央政府应把一部分权力分给州政府，州政府把一部分权力再分给县政府，这样可以限制权力集中。但这时，他更认识到教育是防止独裁的途径，所以提出了"关于进一步普及知识的法案"，既要使大多数人受教育，国家也有责任普及教育，特别希望从穷人子弟中选拔优秀的人才，用公费加以培养。

这是一个着眼于美国未来繁荣的规模宏大的计划，但由于州政府负担不起这项巨大的财政支出，议会讨论4次没有通过。杰斐逊对此颇感愤懑，却又毫无办法。他这项没有在本国开花结果的计划，却被移植到了法国，并且枝繁叶茂。当美国人回顾历史时，才真正认识到它的价值。杰斐逊是美国建国后最初50年公共教育的代言人，在教育问题上，始终具有代表性，——无论当时，还是现在。

1779年他任弗吉尼亚州长时，改变了威廉—玛丽学院的风貌。重新设置了课程安排，又建议设立公共图书馆。在那个时代，惟有他十分注重用书籍去丰富人的精神和头脑，以学者的伟大气魄来传播文化知识，并把它作为自己不可推卸的责任。然而，建图书馆的计划又失败了。

改革的同时，杰斐逊也留心战局，即使当华盛顿率领的大陆军处境最艰难的时候，他也从未丧失过信心，因为他坚信正义的一方必然胜利。果然不久，美军取得萨拉托加大捷，美法联盟又达成了协议，战争形势向着乐观的方向发展。值得一提的是：有许多战俘被移送到阿尔贝尔马县，杰斐逊负责监管战俘，他不仅为他们提供丰裕的生活费，并且和其中的一些人交了朋友。

担任议员的三年，是杰斐逊家庭生活比较幸福欢乐的一段日子。在议会开会期间，妻子前来威廉斯堡和他一起生活。休会期间又回到蒙蒂赛洛的家中居住。除了自己的孩子外，他的妹妹家即达布尼·卡尔的6个孩子也在他的家中，杰斐逊亲自教育他们，这又给家里增添了不少乐趣。

他的妻子玛霞也有许多自己的工作，她掌管家里的帐目，又是个典型的贤妻良母，温柔娴淑，把时间

及精力都用在孩子和家务上，没有片刻的休息。她最快乐的时候便是忙碌了一天后，和杰斐逊坐在一起享受音乐的乐趣。丈夫拉小提琴，她弹大钢琴，两个人便都沉醉在音乐的王国里。

杰斐逊不仅是一个体贴妻子的好丈夫，也是一位慈父，还分担一部分家务。只要在家，他必是巡视种植园，了解手工作坊及田地里的工作情况，另外还去花园、菜地、鹿苑、马厩里看一看。他是一位十分勤劳的人，公事再忙，也要挤时间观察气象和温度，并作记录，这是他一生中从没间断过的习惯，此外他还观察天体运行。

这位30多岁的中年人享受着温馨家庭带来的欢乐，然而，命运总是在开他的玩笑，幸福的日子总是不能长久。

相关链接
XIANGGUAN LIANJIE

《独立宣言》

在有关人类事务的发展过程中，当一个民族必须解除其和另一个民族之间的政治联系，并在世界各国之间依照自然法则和上帝的意旨，接受独立和平等的地位时，出于人类舆论的尊重，必须把他们不得不独立的原因予以宣布。

我们认为下面这些真理是不言而喻的：人人生而平等，造物者赋予他们若干不可剥夺的权利，其中包括生命权、自由权和追求幸福的权利。为了保障这些权利，人类才在他们之间建立政府，而政府之正当权力，是经被治理者的同意而产生的。当任何形式的政府对这些目标具破坏作用时，人民便有权力改变或废除它，以建立一个新的政府；其赖以奠基的原则，其组织权力的方式，务使人民认为唯有这样才最可能获得他们的安全和幸福。为了慎重起见，成立多年的政府，是不应当由于轻微和短暂的原因而予以变更的。过去的一切经验也都说明，任何苦难，只要是尚能忍受，人类都宁愿容忍，而

无意为了本身的权益便废除他们久已习惯了的政府。但是，当追逐同一目标的一连串滥用职权和强取豪夺发生，证明政府企图把人民置于专制统治之下时，那么人民就有权利，也有义务推翻这个政府，并为他们未来的安全建立新的保障——这就是这些殖民地过去逆来顺受的情况，也是它们现在不得不改变以前政府制度的原因。当今大不列颠国王的历史，是接连不断的伤天害理和强取豪夺的历史，这些暴行的唯一目标，就是想在这些州建立专制的暴政。为了证明所言属实，现把下列事实向公正的世界宣布：

他拒绝批准对公众利益最有益、最必要的法律。

他禁止他的总督们批准迫切而极为必要的法律，要不就把这些法律搁置起来暂不生效，等待他的同意；而一旦这些法律被搁置起来，他对它们就完全置之不理。

他拒绝批准便利广大地区人民的其它法律，除非那些人民情愿放弃自己在立法机关中的代表权；但这种权利对他们有无法估量的价值，而且只有暴君才畏惧这种权利。

他把各州立法团体召集到异乎寻常的、极为不便的、远离它们档案库的地方去开会，唯一的目的是使他们疲于奔命，不得不顺从他的意旨。

他一再解散各州的议会，因为它们以无畏的坚毅态度反对他侵犯人民的权利。

他在解散各州议会之后，又长期拒绝另选新议会；但立法权是无法取消的，因此这项权力仍由一般人民来行使。其实各州仍然处于危险的境地，既有外来侵略之患，又有发生内乱之忧。

他竭力抑制我们各州增加人口；为此目的，他阻挠外国人入籍法的通过，拒绝批准其它鼓励外国人移居各州的法律，并提高分配新土地的条件。

他拒绝批准建立司法权力的法律，藉以阻挠司法工作的推行。

他把法官的任期、薪金数额和支付，完全置于他个人意志的支配之下。

他建立新官署，派遣大批官员，骚扰我们人民，并耗尽人民必要的生活物质。

他在和平时期，未经我们的立法机关同意，就在我们中间维持常备军。

他力图使军队独立于民政之外，并凌驾于民政之上。

他同某些人勾结起来把我们置于一种不适合我们的体制且不为我们的法律所承认的管辖之下；他还批准那些人炮制的各种伪法案来达到以下目的：

在我们中间驻扎大批武装部队；

用假审讯来包庇他们，使他们杀害我们各州居民而仍然逍遥法外；

切断我们同世界各地的贸易；

未经我们同意便向我们强行征税；

在许多案件中剥夺我们享有陪审制的权益；

罗织罪名押送我们到海外去受审；

在一个邻省废除英国的自由法制，在那裏建立专制政府，并扩大该省的疆界，企图把该省变成既是一个样板又是一个得心应手的工具，以便进而向这里的各殖民地推行同样的极权统治；

取消我们的宪章，废除我们最宝贵的法律，并且根本上改变我们各州政府的形式；

中止我们自己的立法机关行使权力，宣称他们自己有权就一切事宜为我们制定法律。

他宣布我们已不属他保护之列，并对我们作战，从而放弃了在这里的政务。

他在我们的海域大肆掠夺，蹂躏我们沿海地区，焚烧我们的城镇，残害我们人民的生命。　　他此时正在运送大批外国佣兵来完成屠杀、破坏和肆虐的勾当，这种勾当早就开始，其残酷卑劣甚至在最野蛮的时代都难以找到先例。他完全不配作为一个文明国家的元首。

他在公海上俘虏我们的同胞，强迫他们拿起武器来反对自己的国家，成为残杀自己亲人和朋友的刽子手，或是死于自己的亲人和朋友的手下。

他在我们中间煽动内乱，并且竭力挑唆那些残酷无情、没有开化的印第安人来杀掠我们边疆的居民；而众所周知，印第安人的作战规律是不分男女老幼，一律格杀勿论的。

在这些压迫的每一陷阶段中，我们都是用最谦卑的言辞请求改善；但屡次请求所得到的答复是屡次遭受损害。一个君主，当他的品格已打上了暴君行为的烙印时，是不配作自由人民的统治者的。

我们不是没有顾念我们英国的弟兄。我们时常提醒他们，他们的立法机关企图把无理的管辖权横加到我们的头上。我们也曾把我们移民来这里和在这里定居的情形告诉他们。我们曾经向他们天生的正义善感和雅量呼吁，我们恳求他们念在同种同宗的份上，弃绝这些掠夺行为，以免影响彼此的关系和往来。但是他们对于这种正义和血缘的呼声，也同样充耳不闻。因此，我们实在不得不宣布和他们脱离，并且以对待世界上其它民族一样的态度对待他们：和我们作战，就是敌人；和我们和好，就是朋友。

因此，我们，在大陆会议下集会的美利坚联盟代表，以各殖民地善良人民的名义，并经他们授权，向全世界最崇高的正义呼吁，说明我们的严正意向，同时郑重宣布：这些联合一致的殖民地从此是自由和独立的国家，并且按其权利也必须是自由和独立的国家，它们取消一切对英国王室效忠的义务，它们和大不列颠国家之间的一切政治关系从此全部断绝，而且必须断绝；作为自由独立的国家，它们完全有权宣战、缔和、结盟、通商和采取独立国家有权采取的一切行动。

为了支持这篇宣言，我们坚决信赖上帝的庇佑，以我们的生命、我们的财产和我们神圣的名誉，相互保证，共同宣誓。

弗吉尼亚州长

希望是坚固的手杖，忍耐是旅衣。人，凭着这两样东西，走过现世和坟墓，迈向永恒。

——罗 高

从气质和爱好上来说，杰斐逊是一个文弱书生。他读书、思考，向人民表达出自己的思想。他笔耕不辍，长期从事关于美国独立的宣传、组织工作，他更善于用笔而不是枪来斗争，他对军事也不感兴趣。但是，在1779年6月，也就是美国独立战争进行得最激烈的时候，他当选为弗吉尼亚州长，这就意味着他必须担任军事领导人职务，为战争提供人力、物力。两年的州长任期内，弗吉尼亚屡遭英军入侵，他像军人一样保卫家乡。但由于这个职位本身不适合他，使他位居高官但并不快乐。在任期间，他也遭受了指责和诽谤，使他对官职心灰意冷。甚至于在他的回忆录《自传》中对这段日子的叙述都十分简略。但他仍是个尽职尽责的州长，他那特有的对人民、对故乡的责任

杰斐逊的长女，被父亲叫做"帕西"的玛霞·伦道夫。

感，使他竭力维护了弗吉尼亚人的自由、民主，并投入了最大的力量来支持美国的独立战争。

在威廉斯堡就任州长后，他住进了殖民地时代英国总督的官邸。在他还是个学生时，就已和那时这里的主人交上了朋友，并经常参加这里的文化聚会。然而世事沧桑，20年之后他竟住进了这里。而那位他的恩师及朋友佛苛尔总督早已长眠在地下。杰斐逊全家并未在这儿住多久，因为杰斐逊认为威廉斯堡靠海，易受攻击，而且不方便管理全州，所以将弗吉尼亚首府搬到了里士满。

那时的州长，按宪法的规定，权力是十分有限的，商务及军务必须由议会管理，各县的民兵也由各县官员指挥，州长无权过问。虽然有的州长越过宪法，拥有很大的权力，但杰斐逊是个十足的民权主义者，反对任何有独裁倾向的行为。如此小的权力，却要处理和负责许多事：颁布和执行法律、与大陆会议保持联系、处理印第安人问题、税收、工业、民兵等等。职责与权力的极不相称，给工作造成了许多困难，但杰斐逊事无巨细，必要躬身处理。他全力以赴保卫战时弗吉尼亚的领土；用全州的力量支持大陆军队的反英战争。

这时的弗吉尼亚，处于史无前例的危险时期。过去这个最古老的州一直生活在安静平和的环境中，从未受过外来灾祸的骚扰。此时，英军引兵南下，把枪口对准了南部各州，弗吉尼亚岌岌可危。

全国形势也并不乐观，独立战争已进入第四个年头，似乎并没有什么进展，胜利总像在一个遥遥不可及的地方，民众的情绪都十分低落。这些使杰斐逊眉头紧锁，深感忧虑，他发动用征购粮食的办法去援助大陆军队，又征用民间的车、马等物，他把自己家中的马车都贡献了出来。此

← 杰斐逊的长孙

外，他努力发展地方武器制造业，创建铸铁厂，专门
生产大炮及其它武器。在做这些事情时，他十分注意
避免伤害民众的感情，这有时也束缚了他的手脚。

1780年6月，他再度当选州长。8月，他回蒙蒂赛
洛休假，面对故乡的美好景色和悠闲自在的生活，不
禁感慨万分，他真希望自己享受一下躲在书斋中读书
和思想随意飞翔的乐趣。"窥谷忘返，望峰息心"，静
谧的田园生活是他太想拥有的了，因此，在回到里士
满不久，便决定：时机一到，便立即卸职归田。

他对军事毫无兴趣，军事却总是在找他，弗吉尼
亚海岸线长，又缺乏坚固的防御工事，也没有足够的
陆海军来抵抗敌军入侵。每5名民兵才有一门炮，而
平均每平方公里的土地上也只有一个民兵防守。在这
种情况下，敌军入侵自然轻松自如。1780年12月30日
清晨，一项情报报告州长说：有27艘军舰出现在港
口。大家都不知这是敌还是友，兵有多少？目标何在？
杰斐逊不相信这是敌人，他没有召集民兵，又过了两
天才有确切的情报，这正是叛徒本尼迪克特·阿诺德
带领的叛军逶迤而来。于是杰斐逊下令召集民兵，当
时议会正休会，只好他一人独当危局。

召集的民兵寥寥无几，敌军如入无人之境，里士
满没有防御设施，所以杰斐逊下令把公用物资、武器

及档案都转移到外地，同时把他的妻子和女儿送到安全地方，等这一切忙完后敌人已兵临城下，杰斐逊这才独自一人离开里士满。之后的18小时，他一直骑马到处巡视，监督物资的转移工作，由于不停止的骑马奔走，马累倒了，他不得不另换一匹。

阿诺德的军队进入里士满之后，没停留多久便撤退了，里士满的损失并不严重，一些建筑及粮食、烟草等被焚烧了，一些档案丢失了。但无形的东西损失很大，杰斐逊的政敌趁机攻击他，认为当敌人进攻时他却逃跑了。对此，杰斐逊承认，自己没有认识到问题的严重性，但他对自己的辩解是苍白无力的，或许他认为事情发生了，辩解也没有用处。他受到了责难，这使他的自尊心大受损害。但华盛顿将军了解他的处境，没有批评他，反而安慰他，劝他不必为此而烦恼。然而这件事的影响是很大的，即使当杰斐逊卸职后，弗吉尼亚议会仍对他提出质疑，让他解释清楚，使他十分苦恼。

在阿诺德入侵前后，他又结识了两位与他结下终身友谊的朋友：詹姆士·门罗和法国人拉法耶特。门罗时年24岁，在大陆军中当过军官，后回到弗吉尼亚，投到杰斐逊门下学习法律，两个人遂成为知己。门罗在他的关心下，发挥了才能，也坚定了信心，杰

→詹姆斯·门罗

斐逊任命他从事军事情报的收集及传达工作。事实证明，杰斐逊是个选才的"伯乐"，若干年后，门罗成为了美国总统。

法国人拉法耶特是位民主主义者，是位贵族。在美国人开始反英斗争后，他激于革命热情，自己出钱购买了一艘船，满载军事供应品，携带十几个军官，不顾法国政府的反对，远渡重洋来到北美，当时他年方19岁。他参加了华盛顿的军队，拒绝领取薪水，赢得了人们的尊敬。1781年2月，拉法耶特奉华盛顿之命来到弗吉尼亚，参加攻打朴茨茅斯的战役并与杰斐逊结识。两个人以诚相待，互相理解，拉法耶特从未为自己的作为而自夸，也从不对杰斐逊的军事行动指手画脚，很快两人成为好友。拉法耶特后来在法国大革命中成为了骨干力量，是位十分重要的历史人物。

　　1781年春，英军节节胜利，占领了南方大片土地。英军统帅康华利把弗吉尼亚看作南方战场上美军的人力、物力及武器的主要供应地，是他的心腹大患，决定选择有利时机大举进攻弗吉尼亚。

　　面对敌人的入侵，杰斐逊沉着冷静，从人力到武器装备上都做了充分的准备，并转移了议会和州政府到夏洛茨维尔。康华利兵分两路，想一举征服弗吉尼亚。一路捕捉弗吉尼亚议会议员及杰斐逊本人；一路前去破坏武器和军用物资。

　　在战争的紧要关头，杰斐逊举行招待会，欢迎来自西北前线的印第安人代表团，他和代表团的印第安酋长轮流吸和睦烟，尽管在其他场合他从不抽烟。他十分乐观地向印第安人畅谈自由事业的前途，他相信和平不会遥远，英国支持不了多久，因为全世界都在反对它。

　　康华利手下的塔尔顿率龙骑兵向夏洛茨维尔挺进，他们行动诡秘急速，当来到距夏洛茨维尔45英里的小镇时，被一个机警的民兵连长约翰·朱厄特发觉，他毫不迟疑地跨上马，沿着小路向杰斐逊的家蒙蒂赛洛奔来。为了尽早报信，他慌不择路，在中途穿过茂密的灌木丛时，树干把脸刮破了，给他脸上留下一个终身的伤疤。凌晨4时30分，在连夜狂奔5个半小时后，

来到了蒙蒂赛洛报告了消息。

杰斐逊马上转移了正在他家中作客的两院议长和一些议员、他的妻子、女儿，自己留下来整理文件，安排家务，直到有人来报说英国人上山时，他才骑马离家。仅仅5分钟后英国骑兵队便来了，搜查一圈并没有破坏任何东西，安静地呆了18小时后离开了。这是因为塔尔顿曾下达严格的命令，不许损坏任何东西。

但是主帅康华利却缺乏塔尔顿的风度，当他来到杰斐逊的种植场时，下令烧掉了仓房、栅栏和正在生长中的玉米、烟草，把奴隶、牛、羊、猪、马都带走了。在以后的几周内，康华利的军队烧杀抢掠，无所不为，激起了弗吉尼亚人民的怒火。同年8月，在约克镇这位猖狂一时的英国统帅被迫投降，结束了他的"英勇胜利"的历史。

杰斐逊离家以后，便同家人一起来到白杨林安居下来直到敌人撤走。

1781年6月，杰斐逊离开了弗吉尼亚州长的职位，回到了家中。众议院却开始了对他的审查和质疑。对此，他内心极为痛苦，因为他自认自己是个行事光明磊落的人，却受此侮辱，令他的声誉受到了影响。在这件事上他受到的创伤比他在政治生活中所遇到的其他任何事件都令他痛心。但和往常一样，他控制住了感情，并没有进行针锋相对的斗争。他说："如果人格的骄傲在什么时候有价值的话，那是当它抑制恶念的时候。"

1782年，杰斐逊开始了隐居生活，这是他万分向往的生活。在蒙蒂赛洛山上，他的半圆屋顶的住宅周围，覆盖着浓密的丛林和郁郁葱葱的花木，房间四面的窗子可以迎来从淡蓝色的、笼罩着朦胧的雾气的蓝岭和周围的暗绿色的群山吹来的微风。房舍宽敞明亮，温暖舒适，既美观又方便。在这里，杰斐逊享受着大自然的恩赐，过着耕读自乐的生活，倍感惬意。他与法国来的学者夏斯泰鲁侯爵在这里秉烛畅谈。从政治、

↑第一届大陆会议在费城召开，期间通过了《权利宣言》。

←1800年第一次当选总统前的杰斐逊

自然哲学到美术，最后甚至共吟自己喜爱的诗句。在这里，杰斐逊本打算与妻子、儿女长相厮守，共享天伦之乐，永不再踏入政治一步。然而，在他梦想过平静美满的生活不受世事干扰的时候，他承受了人生的巨大悲剧。

1782年5月，他的妻子玛霞又生下了一个女儿，取名露西。在生下露西之后，玛霞的身体孱弱不堪，一病不起。杰斐逊深爱着妻子，10年的风雨相伴使他不敢想象如果没有她，他将怎样生活下去。在妻子卧床期间，他一刻不离病榻，想尽各种办法为她治病。但他的诚心没有感动上帝，死神还是来到了玛霞身边。眼看自己的妻子即将离开人世，他的心都碎了。妻子也用感激的心情来表达对丈夫的爱，她的眼睛一直望着他，有的时候她用颤抖的手抄下词句："时间消失得太快；我所写的每一个字都告诉我生命跟着我的笔走得那么快。生命的日子和时刻像大风天的白云从我们头上飞过一样，一去不返——每一个事物都匆匆向前走——。"她的丈夫向下写道："每一次我吻您的手以示告别，接着而来的每一暂别，都是我们不久即将永别的前奏。"

玛霞弥留之际，哽咽着告诉杰斐逊：为了孩子，希望他不要再娶。杰斐逊握住她的手，庄严地表示他决不再娶。他遵守了自己的诺言，尽管他年轻而仪表非凡，但始终没有再娶。

1782年9月6日中午，杰斐逊眼看自己心爱的人即将辞世，不禁一阵心恸，昏了过去。片刻后，玛霞溘然长逝了。杰斐逊苏醒过来以后悲痛之情无以言状。有三个星期未出家门，几乎日夜不停地走来走去。最后终于离开屋子时，他就骑马出去，以后就不间断地骑马到山间去，走的都是不常去的路，常常穿过森林。在这些忧郁的浪迹

← 1805年第二次当选总统后的杰斐逊

中，他的大女儿是他的陪伴者，也多次看到了他悲恸失声。丧妻之痛一直萦绕在他心头，有半年的时间，他断绝了与外界的联系，生活在孤独之中。

杰斐逊把妻子生前留下的东西作为纪念而珍藏着。直到44年后他本人逝世时，人们才发现一个小抽屉中他妻子的一绺头发、她的笔迹及生前常用的物品。

爱妻之死，粉碎了他长期隐居蒙蒂赛洛的美梦，他的朋友们也希望他能重回政治舞台。1782年邦联国会重新任命他为赴法特使，他也想离开蒙蒂赛洛去欧洲看一看。但由于天气原因一直没有走成。1783年3月，他被选为邦联国会议员，兼任弗吉尼亚代表团团长。赋闲了两年的杰斐逊重新步入政界，肩负起国会工作的重担。

杰斐逊在隐居期间，有感于外面的世界尤其是欧洲大陆对美洲大陆的理解较少，而美国人能提供的资料又寥寥无几，便准备自己动手写一部介绍弗吉尼亚的书。所以很早他就开始搜集材料，有关于植物学的、历史的、地质学的、地理学的、政治学的以及有关动物、鸟、花等等，日积月累，便为写作巨著准备了丰富的材料。

《弗吉尼亚纪事》这部书从1780年下半年动手，到1782年3月便已成稿，但他对初稿十分不满意，又陆续修改、增补，到1784年内容已增加了3倍。他不主张公开出版此书，担心书中有些言论不利于弗吉尼亚的改革，只是印了10多套，分送给了自己的知交好友。

这本书中涉及现在的弗吉尼亚州、西弗吉尼亚州及肯塔基州。内容广泛，有地形、矿产、鸟、兽、树及蔬菜，还有军事力量、土著、县及市镇、宗教、法律、高等学校、财政等等包罗万象，这部著作可以看作是有关该州的自然、人文方面的资料宝库。在书中他对弗吉尼亚的自然景观做了淋漓尽致的描述，处处流露出对故乡壮丽景色的骄傲自豪感。可以说他是发现美国自然风光之美并且向欧洲人介绍美国的第一个

← 蒙蒂赛洛庄园中的图书馆

人。

在书中，杰斐逊也表现了自己对印第安人的精湛研究。他详尽介绍了印第安人的特征、生活方式、脑力等，驳斥了某些人认为印第安人愚昧低能的论断。他还论述了印第安人的起源问题，论据充分，令人赞叹。

那时，欧洲文化知识界对北美人持有偏见，认为移到北美的欧洲人也蜕化了，"尚未产生过一个优秀的诗人、一个有能力的数学家、艺术和科学方面的人才"。对此，杰斐逊进行了有力的驳斥。他说美国历史较短，如果年代古老当然可以产生伟大的诗人；美国现在有了华盛顿和富兰克林，他们的伟大是其他人难以相比的；美国虽然昨天还是一个儿童，但已证明很有希望产生具有"最高尚的感情，召唤人们去行动，加强人们的自由，并且把人们引向幸福的，天才和品质高尚的人物"。充分反映了美利坚民族的觉悟和民族自豪感。他不为自己国家的年轻而自轻，而是大胆地表现自己对她的热爱，给那些欧洲大陆上目光短浅的人物以有力的回击。

在这里，他还表达了对人民，对土地的深厚感情。他认为人都是善的，人人都应有选举权及代表权；他还热情洋溢地歌颂了农民的美德，因此，他主张美国人民都从事农业。这不仅是因为美国地广人稀，更因为杰斐逊的一种道德价值观，他认为有道德的农民是维持一个自由政府不可缺少的条件。在以后岁月中，杰斐逊一直都宣扬他的农业立国思想。

在这里，杰斐逊表现了对黑人奴隶制的关切，猛烈攻击白人对于黑人的奴役，认为这是违反人类自由原则的大问题，但他承认黑人在本性上比白人低劣，所以他主张把解放后的黑人移出国外。

杰斐逊也勾画了理想中的政府形式：应该比当前的政府更有代表性，更能体现三权分立的原则，更为公正，而且更有效率。这样的政府才是一个充分反映人民意见的、温和的、合理的政府，这位励精图治的政治家从不忘维护人民的自由、民主。

《弗吉尼亚纪事》的问世，受到了许多专家学者的赞赏，也给杰斐逊带来了更大的文学、科学上的声誉。他向世人证明：他是一位不但精通社会科学而且对于自然科学也有很深造诣的科学家、政治思想家、文学家。

相关链接
XIANGGUAN LIANJIE

谢斯起义

1786年8月到1787年2月间，美国马萨诸塞州爆发农民起义。领导人是贫苦农民出身、曾在北美独立战争中立过战功的退伍陆军上尉谢斯（1747～1825）。

独立战争后，农民的土地问题没有解决，国内工业不振，农产品价格低落，纸币贬值，物价高涨，赋税沉重，劳动人民普遍债台高筑。有些州政府规定可以低价拍卖债务人的土地财产偿还债务，不能偿还者被捕入狱。

18世纪80年代，新英格兰各州的贫苦农民纷纷举行武装起义，提出减税和停止执行强迫讨还债务的法律等要求。1786年8月，马萨诸塞州数百名以武装农民为主体的起义队伍，在谢斯领导下从康科德向波士顿进军，包围法院，打断法院对农民的债务审判。提出平均财产权的纲领；废除一切债务，废除迫害人民的法院和法令；被没收的殖民者财产应当归劳动者所有。遭到政府军镇压后分散各地坚持游击战，11月间又进军伍斯特，12月起义军发展到1.5万人，占领马萨诸塞州许多小城市。起义者焚烧债券，释放被监禁的贫民和政治犯。

1787年1月，谢斯率起义军进攻斯普林菲尔德的军械库受挫。随后遭到由林肯少将指挥的大批政府军围攻。2月间，林肯少将诱骗起义军举行谈判，发动突然袭击，起义军遭受重大损失。不久，领导人被捕。3月，谢斯等被判处死刑。政府在人民广泛抗议下怕激起新的起义，不得不降低人头税和财产税，停止监禁债务人，并于1788年6月13日宣布赦免谢斯。

巴黎之旅

> 所有活着的人，就是不断挑战的人，
> 不断攀登命运山峰的人。
>
> ——雨　果

　　1783年的10月，杰斐逊离开蒙蒂赛洛前往费城就任邦联国会议员。他把两个较小的女儿留在家中由妻妹照看，只携大女儿帕齐同行。在以后无论是在法国还是在华盛顿的岁月里，帕齐一直陪伴在父亲身边，成为父亲的"女主人"。父女俩在路上兴致勃勃地饱览了秋天的美景，来到了费城。国会不久搬到了安纳波利斯，杰斐逊便把女儿留在一位朋友的寡母家中，由她代为抚养。

　　在安纳波利斯，杰斐逊和门罗(当时也是国会议员)共同租了一所房子，雇一个厨师做饭。此时的美国并不像蒙蒂赛洛那样风平浪静。战争结束了，但战争带来的混乱并没有消除。12月23日，华盛顿将军向国会交上了他当大陆军总司令时所佩带的剑，毅然辞去了

这个职务。他向
国会告别的场面
极其感人，使在
场的每一个人都
流下了热泪。杰
斐逊作为主持人
在旁，他十分钦
佩华盛顿这种功
成身退的精神，
同时又为他离开
后的国内政治局

面颇为担忧。在短短 6 个月的邦联国会议员生涯中，杰斐逊又以他那大度非凡的气魄为美国做了许多事情。

1783 年 12 月，他被任命为对英和平条约委员会主席，负责和约的批准工作。他为 13 个争吵的州如何能批准和约费尽了心机，直至有 9 个州批准了和约，才算了结。

杰斐逊也为健全邦联政府的机构付出了心血，他一直为设置"一个看得见的政府首脑"而奋斗。即使在离开国会衔命赴法前，他仍致信麦迪逊表达自己的这个信念。这时他认为行政权威的多元化是不可能的，只有一个有权威的国家元首，才能使国家像一个国家

的样子，才能保存国家的独立。

杰斐逊在这时最大的贡献就是：向国会提出了建立10进位的美国货币的"备忘录"，在这个备忘录中，他对通行中的硬币的信息，1镑在不同的州的不同的价格等等都具有周详的报道，显示出这个哲学家、思想家在谈论经济问题时也具有缜密、开明的逻辑。最后，国会采纳了杰斐逊计划中的基本原则，杰斐逊在美国货币史上也被称为"美元之父"。

1784年他还起草了关于"西部"成立临时政府的法案，与1787年的"西北法令"结合在一起，使得美国的"西部"未来的新州——印第安纳、伊利诺、俄亥俄、密辛根及威斯康星从一出生便禁绝了奴隶制度。

1784年5月，杰斐逊被任命为全权公使，任务是与富兰克林及亚当斯(他们已在欧洲)一同组成外交使团，与欧洲诸国商订友好贸易条约。

7月5日，杰斐逊带着女儿帕齐登上了停泊在波士顿港内的一艘商船"西瑞斯"号，开始了他有生以来第一次横渡大西洋的旅行。站在甲板上，杰斐逊百感交集，一缕惜别故乡的眷恋与一缕对新世界的好奇相互交织、缠绕在一起。他最熟悉、最热爱的故乡越来越远了，一个陌生的、只有在书本上才了解的古老的欧洲却越来越近了。

　　19天的航行之后，杰斐逊父女俩到达了法国。浪漫的、热情的法国用其迷人的风貌吸引住了父女俩的眼睛。这里简直美极了：古老的大教堂，优美的塞纳河……，简直是一座大花园，而且花气袭人，鸟声悦耳。但是，一群一群的乞丐却扰乱了两个人的心绪，他们第一次感到美丽的风景和悲惨的人民生活的极大反差。

　　8月上旬，他们到达巴黎，首先住在奥尔良饭店。杰斐逊最先想到的就是对帕齐的教育，他把女儿送进一所女修道院读书，帕齐很快便学会了一口流利的法语。

　　杰斐逊拜访了两位老友富兰克林和亚当斯，三人

　　罗马万神殿，杰斐逊喜欢古希腊罗马的建筑风格，尤其喜欢万神殿。

见了面都十分高兴。富兰克林已届78岁高龄，但依然精神矍铄；亚当斯全家都住在巴黎，杰斐逊经常去他家吃饭，与一家人相处得十分融洽。在巴黎度过的第一个冬天，是杰斐逊最难受的一个冬天，他头疼病复发了，一连6个星期躲在屋里。而此时从美国带回一个消息，他家中最小的孩子露西死了，这使这位父亲心情又骤然沉重起来。

直到1785年春天，他的精神好转过来后，便同两位密友开始了工作。首要任务是起草一份贸易条约的范本，这自然而然地落在了杰斐逊身上。在杰斐逊来之前，富兰克林与亚当斯已经订立了一些条约。但总的进展不大，欧洲十余个国家对与美国订立贸易条约相当冷淡。杰斐逊到来之后，也未取得成绩。到1785年为止，只有普鲁士一国就订立商业条约问题与美国达成了协约。虽然普鲁士并不是一个重要的对外贸易的国家，但政治意义却极为重大，这令杰斐逊十分高兴。在与其它国家谋求订立商约的计划失败后，杰斐逊又想与欧洲国家订立友好往来的条约，但也没能实现。

1785年5月和7月，亚当斯和富兰克林相继离去，亚当斯去了英国，富兰克林回到了美国，杰斐逊被任命为驻法公使。5月，杰斐逊向法国国王路易十六递交了国书。他相信，在欧洲只有法国重视美国这个新生国家，如果美法联盟破裂，美国就将回到殖民地时代的从属地位。因此，他作为公使为加强美法关系而尽了最大的力量。

杰斐逊在法国的工作并不顺利。那时，北非海盗十分猖獗，杀人越货，无所不为，他们也劫掠了美国的商船。为了彻底结束这种对美国船只的不安全行为，杰斐逊主张用武力去打击北非海盗以求永久的安宁，但亚当斯首先反对他，美国国会也以财政上有困难为由而拒绝了他。这样，北非海盗问题一直拖延到他后来当了总统才解决。

1786年初，杰斐逊应亚当斯之约来到英国，两人共同会见了葡萄牙公使和的黎波里公使，谈判商约缔

← 杰斐逊等人发表独立宣言

结问题，但均没有成果。这次赴英给杰斐逊留下了很坏的印象，不仅仅是因为工作没有完成，而是英国人的那种高傲、惟我独尊的态度。无论是英国的外交大臣还是英王乔治三世都对杰斐逊态度冷淡，甚至是有意地无礼。更令杰斐逊气愤的是英国的报纸连篇累牍地撒谎，说美国是一个处于无政府状态的混乱的国家。在这种情况下，与英国谈判商业条约一事也就没有了结果。

尽管赴英的任务没有完成，还憋了一肚子气，杰斐逊还是尽情地游览了古老帝国的名胜古迹，参观了大英博物馆和各种先进的机器设备。他特别喜爱英国的巴罗克式庭院，说它们给人一种简洁明快、自然天成的感觉。他同时也结识了一些自由主义人士，他们都十分喜欢杰斐逊。

回到法国后，杰斐逊又积极开展与法进行商业谈判的工作。他认为与法国进行自由贸易是美国外交最重要的一步，而最合适的渠道就是依靠法国的亲美人士，通过他们促使法国与美国进行自由贸易。这其中，杰斐逊的老友拉法耶特侯爵热心帮助了他。这位在美国经历过战争而载誉回来的年轻人把自己的家布置成了美国样式。书斋中，有一幅画框上镌刻着《独立宣言》全文，另一个画框空着，他说那是"等候法国的

蒙蒂赛洛庄园全景

人权宣言"。华盛顿是他的"上帝",《独立宣言》就是
他的圣经。他把杰斐逊看成是自己生活中的益友和政
治上的良师。1784年8月,法国颁布了一道敕令,允
许美国与法属西印度在某些商品方面进行贸易。这项
进展,拉法耶特功不可没。

这以后,杰斐逊在鲸油、大米出口上为美法贸易
打开了缺口,终于部分地完成了自己的任务。

在巴黎的日子里,杰斐逊看到了上层社会的穷奢
极欲、纸醉金迷,也看到了下层社会的贫穷、悲惨。
他时常躲开喧嚣的社交场面而漫步或骑马到乡下,徜
徉于村舍田间,仔细观察农民的生活。他曾遇到过一
位贫穷的少妇,这位少妇告诉他,她每天挣8个苏,

有两个小孩要养活，房租相当于75天的工资，而且要时常失业，因而没有面包吃。杰斐逊对她的困苦生活深表同情，给了她一些钱。

通过这些细心的观察，杰斐逊认为旧大陆是道德堕落、生活腐化、充满压迫的，而新世界则是风俗淳朴、自由平等的。这使他更加热爱自己的国家，而且对专制君主制及贵族特权的罪恶有了更深的了解。他痛恨它们，这也是他为什么回国以后对君主制及贵族特权的一切遗迹坚决作斗争的原因。

在巴黎，杰斐逊结识了一位女画家，对她产生了爱情，这次浪漫的爱情以女画家离开巴黎而结束。杰斐逊也从这次恋爱中解脱出来。

冬天过后，杰斐逊于1787年2月独自开始了一次漫长而孤独的旅行。这次旅行历时3个半月，有时步行、有时骑马、有时坐船，充分享受孤独的乐趣。他参观果园、葡萄园及菜圃；他拜访了香槟的生产地区、勃艮第的酒厂；瞻仰了罗纳河流域的古罗马遗迹，他在古罗马神庙面前久久停留，为它的古雅而沉醉。他又来到了马赛、威尼斯，有生以来第一次看到了最大的橄榄树和无花果树，他发现这里气候清爽，风景宜人，使人留连忘返。他从马赛来到亚威农，参观了彼特拉克的女友劳拉之墓。然后又去沃克路斯观看喷泉，在他心中流淌着历史的长河，断壁残垣增加了风景的美感。在这里，他是诗人，是哲人，是圣贤！

同年6月10日，他返回了巴黎。事后，他认为旅行虽是苦事，但能使人更加聪明，使一个人所得到的知识大大超过应用到实际中去的知识。

由于性趣高雅，知识渊博，杰斐逊自然结识了一批法国文化界的朋友，其中最亲密的是拉法耶特的姑母——泰斯伯爵夫人。她爱好文学艺术，信仰自由主义、人道主义，是一位十分不平凡的女子。杰斐逊还向美国介绍了许多欧洲的科技新成果及农业作物，向国内寄各种各样的书给各种各样的人。他还为弗吉尼亚议会大厅制定建筑蓝图，他把欧洲的建筑风格糅入其中，仿古罗马神庙的"方形大厦"设计了弗吉尼亚议会大厦。不久以后，这种古典样式便在美国流行起来。

大洋的那一岸不平静，大洋的这一边也在孕育着革命。1786年到1787年，美国爆发了谢斯起义，这是由于政府对农民政策的不当引起的。杰斐逊对此并未有什么剧烈的反应，他说："自由之树必须时时用爱国者和暴君的血来浇灌。它是自由之树的天然肥料。"他认为人民的反抗精神是最为可贵的，在民主国家里，时刻发生人民暴动，可以使当政者时时有所警惕，使他们不敢侵犯人民的权利，不敢脱离民主的轨道。可

见，这里体现了杰斐逊的典型的民主主义，这是当时的革命领导人中绝无仅有的。

1787年，美国制宪会议制定出一部《联邦宪法》以代替原来的"邦联条例"，麦迪逊为制宪会议主席。他主张中央政府应对地方政府行使绝对控制，而杰斐逊恰恰是一个州权主义者，最反对中央控制地方，因此，在宪法问题上，两位多年的老友闹僵了。远在法国的杰斐逊对在费城的制宪会议是奈何不得的，只有在回国后，才积极推动了宪法前10条修正案的通过。

1789年，法国爆发了大革命，在巴黎的杰斐逊目睹了惊心动魄的第一幕。他不仅仅是个旁观者，甚至也是一个参与者，他希望用自己的思想来控制住局面，用和平的方法取得革命的胜利。8月，君主立宪派上台，拉法耶特是其中最具代表性的人物。26日，国民议会发表了举世闻名的《人权宣言》，这其中一定掺入了杰斐逊的思想，因为拉法耶特曾说此宣言请教过他，法国《人权宣言》吸收了美国的《独立宣言》的思想。

9月末，杰斐逊在离开巴黎前，对革命的形势是极其乐观的，尽管法国处于内忧外患之中。但他对法国人的自治能力深表怀疑，希望应保留君主制为好，因为如果在没有民主传统基础的国家骤然采用民主制，是会引起混乱的。

无论他对法国大革命说什么，或者想说什么，都没有用处了，这里毕竟不是他的国土，他要离开这里了。在巴黎，他生活了5年，帕齐已长成一个大姑娘了，二女儿波利也在1787年由美国来到巴黎，姐妹俩共在一个修道院读书。假日一起回家中看望父

约瑟夫·卡贝尔，曾积极帮助杰斐逊创办弗吉尼亚大学。

亲，在这样的日子里，家中往往充满了欢乐与笑声。长期的远离故土，使杰斐逊十分思念故乡，做梦都想回去看一看。本来他的任期还有两年多才满，但在1788年11月，杰斐逊因实在抑制不住思归之情而申请回国休假。1789年8月，国会批准了他的申请。9月26日，他和两个女儿以及两名仆人共5口人启程回国。当日正值秋雨潇潇，雨雾中，杰斐逊的一颗心早飞回美国，飞回弗吉尼亚，飞回蒙蒂赛洛那清澈的蓝天，那葱郁的森林和那久违了的书房。

从总统到隐者

伟大的价值在于完成责任。

——丘吉尔

终于回到了自己的祖国！1789年11月23日，杰斐逊全家平安抵达弗吉尼亚的诺弗克港。他本意是暂时在家中居住一段日子，待假期届满之后再回巴黎。但不久就得知他被任命为华盛顿新政府的国务卿，没有办法，他只好接受了任命。

1790年，杰斐逊的长女帕齐与托马斯·曼·伦道夫结婚，杰斐逊参加了婚礼，一星期后，他去纽约赴任了。

华盛顿是在1789年就任美国第一任总统的，他的政府机构十分简单：陆军部长亨利·诺克斯、总检察长埃德蒙·伦道夫及财政部长亚历山大·汉米尔顿，还有国务卿托马斯·杰斐逊。

5年的旅居生活使杰斐逊不大清楚美国的具体情况，而弥漫在政府内外的反民主气氛又使杰斐逊颇不适应，他甚为国家担忧。当时，政府和国会中的一些显赫人物对民主都怀有一种敌对情绪。他们怀疑人民的统治能力，有人甚至主张元首世袭，连华盛顿也不反对君王的威仪，实行每周一次的觐见会，这些都使杰斐逊颇感难过。而更使他费心思的是他与财政部长汉密尔顿的斗争。

他们两个人无论思想上、性格上还是实行的政策上都是截然不同的。杰斐逊敬仰培根、牛顿和洛克，而汉密尔顿喜欢恺撒；杰斐逊是位学者型的人物，他崇尚知识与民主，而汉密尔顿则崇尚军事、权力；杰斐逊认为人民是最重要的，人人都是善的，汉密尔顿则认为人民是一只"大野兽"。两人立场的根本不同导

← 杰斐逊与华盛顿及汉密尔顿在一起

致政治上长期的争吵。

汉密尔顿为照顾投机商人的利益而使广大人民群众蒙受惨重的损失，同时，财政政策混乱，政府内部接受贿赂，这些都是正直的杰斐逊不能容忍的。在斗争中，麦迪逊一直支持杰斐逊他们，使新闻界也分成了两派：《国家新闻》支持杰斐逊，《合众国新闻》支持汉密尔顿，两家报纸也互相攻击，极力宣扬自己信奉的思想。

他们二人的斗争引起了华盛顿总统的担忧，他竭力调和，但两个人的分歧是无法调和的。到1793年，华盛顿任第二任总统后，法国大革命的步步深入又引起了两个人的矛盾。杰斐逊认为美国应该支持法国，而汉密尔顿则认为美国应与英国联合反对法国。当政府讨论对法国政策时，杰斐逊一方面对法国革命深表同情，另一方面基于国家利益的考虑，认为美国最好采取中立政策，不支持法英两国的任何一方。华盛顿总统采纳了他的意见。

3年多的政治斗争使杰斐逊感到厌倦，决定离开这里，他向华盛顿提出辞呈。

1794年1月，他告别费城，又回到了心爱的山庄——蒙蒂赛洛。这一次，他决心退休，经营自己的种植园。他需要管理2000英亩的土地，用此养活家人、亲戚和134名奴隶及其子女。虽说土地少了点，但杰斐逊懂得科学，相信科学，他用轮耕的办法种地，取得了良好的效果。两年后，他的种植园的农产量达到了州内第一流水平。

这时的杰斐逊，已是年近半百的人了，岁月已毫不留情地在他的脸上、头发上刻下了痕迹。他似乎沉迷于种植园的工作，而不再想外面世界的事情了。但实际上，他的心并没有平静下来，所以当1796年2月初，他的朋友麦迪逊恳请他接受总统候选人的提名时，他用沉默表示了同意。

1797年2月选举的结果发表了，亚当斯得票71张，杰斐逊得票68张，亚当斯为总统，杰斐逊为副总统。

3月，退休3年的他重新又回到了美国的政治舞台上，他不为自己是副总统而难过，给亚当斯当副手他很高兴，他还兼任参议院议长。

早在1792年总统竞选时，杰斐逊和麦迪逊就去纽约做了

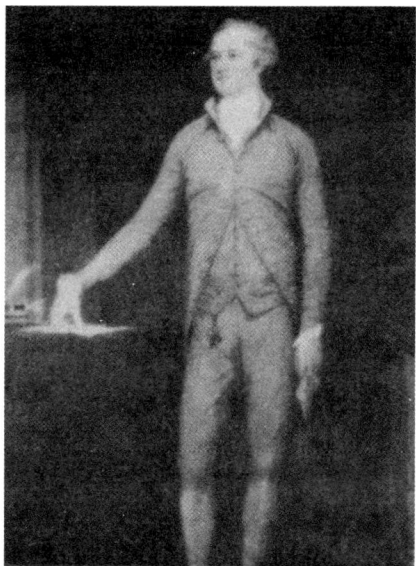

← 亚历山大·汉米尔顿

次旅行，和那里的政客达成了协议，奠定了共和党的基础。现在，经历过政治上纷繁复杂的斗争后的杰斐逊，更加充分认识了政党的重要性，他认为政党是民主政府不可缺少的，反对党是民主政治的重要条件，也是抑制当政的政党为非作歹的重要保证。所以他决心把共和党建设成一个有战斗力的强大的政党。

杰斐逊任副总统期间的美国政府正是联邦党人（以汉密尔顿为首）最活跃的时期，杰斐逊作为共和党领袖与之进行顽强的斗争。他不断鼓舞共和党人的斗志，澄清局势，以免大家迷失了方向。

在这种相互斗争日趋紧张的时候，迎来了1800年大选，两个派别为竞选总统进行斗争的剧烈程度是空前绝后的。杰斐逊本人十分平静，他甚至没去找任何一个老百姓拉选票。但在这次总统竞选中他表现出非凡的政治能力和非同寻常的组织能力。他能说出人民群众的渴望，他知道如何对付那些利欲熏心的政客，他懂得应该采取哪个行动以求得到最好的效果，更有他的得力助手麦迪逊和门罗帮助他。他发动每一个关键人物，组成他的智囊团，这些，都是他登上总统宝座的原因。

在组织这次"战役"中，杰斐逊出奇地冷静，甚至在斗争最激烈时，他和一般来访者也绝口不提竞选的事。

联邦党人决心击败他。在头几轮投票时，杰斐逊没有占到优势，亚当斯便暗中威胁杰斐逊，说只要答应他的条件，杰斐逊便可马上入选。对此，杰斐逊平静地答道："我决不靠投降进入政府。"这就是杰斐逊的风格，他之所以参加竞选总统，就是希望用自己的力量清除政府中的污垢，让美国人民都能享受生命、自由的权利，都有机会追求幸福。抱着这样的目的他又怎能向对方屈服？

1801年2月17日，经过33轮的投票，杰斐逊被选为美国第三任总统。3月4日，他在朋友的陪同下，从寓所步行到国会大厦，参加总统就职演说，尚未完工的大厦外面站满了观看的群众。他的就职演说贯穿了

← 拉什莫尔山美国总统雕像

共和主义思想，即"对于一切人都同样严格地公平对待，……不卷入任何一个国家的联盟中去；支持州政府的一切权利……。"

杰斐逊到任的第一个问题便是如何处理政府里的联邦党人官员。亚当斯卸任后，他的大批党羽留在联邦政府内担任各种职务。而且亚当斯在离任的前一夜，还在匆匆忙忙地任命官员，包括任杰斐逊的政敌约翰·马歇尔为联邦最高法院首席法官。

杰斐逊的第一步是免除了一些亚当斯在1800年12月任命的人的职务，第二步是罢免联邦政府的一些官员，共105人，这样，清除了大批敌对民主的分子，保证了政府内的协调。同时，任命了一些有能力、能实现全国团结的人，组织了一个十分有民主作风的内阁。

杰斐逊在内政外交上奉行两大原则：对内厉行节约，对外实行孤立政策。

他反对发行过多外债；紧缩陆海军，减少政府开支；尽可能把税的负担从穷人转移到富人身上。在外交上，他认为美国得天独厚，大洋把美国与暴政的欧洲隔开，美国就是一个自由的孤岛，用不着与旧世界发生联系。所以，他把驻外使节一个一个召回美国，只剩下驻英、法两国的公使。

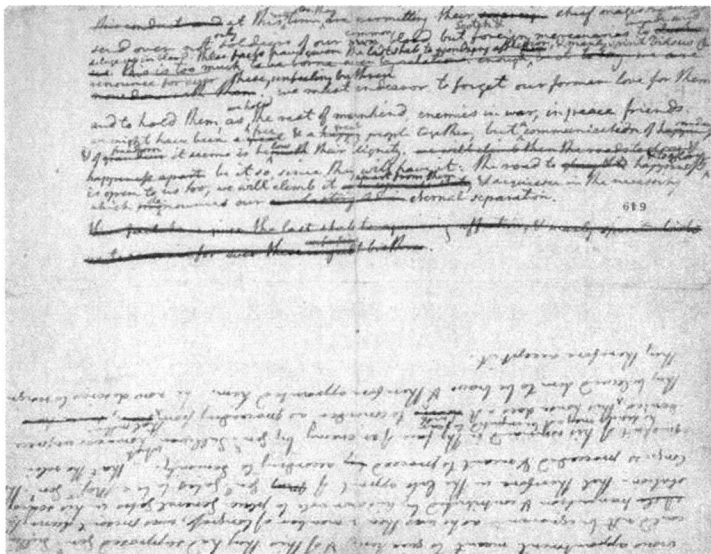

1800年，拿破仑从西班牙手中夺取了路易斯安那及邻近的佛罗里达，而这是杰斐逊特别想得到的土地。拥有了这一大片地，美国国土将增加一倍，更重要的是得到了密西西比河就意味着控制了西部的商业。杰斐逊决心用和平购买的手段取得路易斯安那。

1803年4月，美国出价6000万法郎(约1500万美元)购买路易斯安那，拿破仑同意，双方达成了协议。10月，参议院批准了这项协议。12月，路易斯安那正式属于了美国。

杰斐逊马上派探险队对西部进行探险，这项活动进行了近4年，对西部进行了一遍科学的勘察，有利于以后对西部的开发。

　　1804年，杰斐逊开始弹劾最高法院法官的工作，这些法官都是亚当斯任命的，极大地阻碍了民主的行进。由于他们是终身任命，所以只好通过弹劾促使他们下台。但杰斐逊与司法机关进行的斗争失败了，参议院没有达到2/3人数通过此议案，虽没有成功，却也起到了震慑作用。此后，联邦党人便使用卑鄙的手段，即通过报纸攻击杰斐逊，甚至诬蔑他的人格。

　　杰斐逊在总统任内开创了一种民主风气。他不摆官架子，不讲排场，取消了总统觐见会。他又废除了许多繁文缛节，取消了等级差别。在接见外宾及外国使节时，也取消了琐碎的礼仪。

杰斐逊纪念堂，1938年在罗斯福主持下开工，1943年落成。

1804年，杰斐逊获得第二次总统候选人提名，正当他为国家、为自己而高兴时，二女儿玛丽亚生病的消息传来，于是他立刻返回蒙蒂赛洛，到家后不久，玛丽亚去世了。杰斐逊又一次陷入悲痛之中，他不明白，命运为什么总在捉弄他，把他的亲人一个又一个地从他身边带走，悲伤之余他把女儿葬在了那棵大橡树下，愿她能在那个世界里陪伴着她的妈妈。

冬天，大选揭晓，杰斐逊获胜，他决心不再参加第三次大选。在这一任上，他遇上了麻烦。当时英国海军正同法国打仗，他们任意劫掠美国水手，强制他们为英国海军服役。这种事情愈演愈烈，在1807年，双方酿起了冲突，美方被打死三人。以当时的美国海军力量是无法保护美国航运业的，而中立的美国同英法都有海上贸易往来。面对这种经常遭受欺辱的局面，杰斐逊决定实行"禁运"，下令把美国船只冻结在港内，禁止它们从事海上贸易，这样可以断绝英法所需物资的来源，迫使他们向美国让步。

禁运带来了不良的影响。在5个月内，纽约有125家商号破产，烟草、小麦等无法出口，小生产者遭受了巨大损失，同时也导致了走私的猖獗。这样全国都叫喊着停止禁运，有人尖刻地攻击他，无奈之下，在他卸任的前三天废除了禁运法案，他本意使美国免遭

欺辱，结果他本人却遭受了侮辱。他感到，也许是自己老了，无法担起"国家"这个重担了。他推荐麦迪逊为自己的继任者，自己就此退出了这个纷乱的大舞台。

1809年3月中旬，在参加完新总统就职典礼后，他回到了弗吉尼亚。使他惊奇的是当地农民成群结队地来欢迎他，亲切地称他为"老汤姆"，这使他万分高兴。

终于又回到了蒙蒂赛洛了。40年前，杰斐逊盖了这所房子，就是指望自己能在这里慢慢老去，与家人一起共度余生。而今，他66岁了，亲人一个个抛他而去，只有大女儿及女婿陪伴着他，从这以后，无论外面的世界如何变化，他决定守着这份家园，再也不离开了。

退休后的他过着自由自在的生活。他依然黎明即起，用冰冷的水洗脚，早餐后跨上心爱的马，到处遛遛，有时骑马走上40英里，好像是一个典型的农场主。但他从未放弃过读书，这是他一生的爱好。

他的精神在这个安静的空间里达到了超然的境界，他不仅有智慧而且有深刻的洞察力，尘世的熙攘已都远去，过去的辉煌、鼎盛在他眼中已如过眼云烟，他心如明镜，不落一丝的尘埃，人们称他为"蒙蒂赛洛

　　杰斐逊在1787年2月至6月在欧洲进行了一次长时间旅行。通过这次旅行，他更多地了解了欧洲文化。

的圣贤"。

　　在隐居的17年中，他从未离开过蒙蒂赛洛。人们看见他在草坪上与他的外孙、外孙女一起奔跑，看见他管理自己建设起来的面粉厂和制钉厂。这时他已与当年的政敌亚当斯恢复了通信，远离了政治，往日的仇恨也淡薄了。两位老友书信不断，都是饱学之士，自然在信中无所不谈，所以二人的通信集是一个思想宝库，成为后来人研究他们的必读之物。

　　杰斐逊是以出世的态度做入世的工作的人，他不能不关心政治，他给麦迪逊总统写信提建议；他也评

价拿破仑，认为他只是战场上的狮子，是个冷血者；他就奴隶制问题发表意见，认为黑人也应享受自由的权利。

1823 年，当时的美国总统门罗写信向他请教美国与美洲、欧洲大陆的关系，已近 80 岁的杰斐逊回信告诉他，美国决不自己卷入欧洲事务中去，同时，美国不允许任何国家干涉美洲事务。门罗采纳了他的意见，发展为著名的"门罗主义"，标志美国孤立主义的正式形成。

他退休后又做了另一件大事，建立了弗吉尼亚大学。他对教育一直是十分注重的。1818 年，弗吉尼亚州议会接受了他创建大学的建议，并为此拨款 15000 美元。从 1819 年以后的 6 年里，杰斐逊把全部精力都用在弗吉尼亚大学的建校工作上。他亲手设计校舍建筑蓝图，寻找建筑工程的承包人，甚至教木匠如何量尺寸。他也承担物色教授的任务，从英国牛津、剑桥及爱丁堡大学等网罗第一流学者来美。在做这些的同时，他还在州议会开会时，说服议员为建大学拨款。积少成多，到修完主要建筑时，议会已拨去 30 万美元。他的辛勤耕作，终于收获了果实，1825 年 3 月 7 日，弗吉尼亚大学正式开学。他为大学的建立可算是鞠躬尽瘁了。就在 1826 年 4 月末，在距他逝世只有两个多月时，他还为这个大学设计出一个植物园的蓝图。

杰斐逊晚年充分享受了天伦之乐。女儿玛霞生下11个孩子，这些孩子又生下一大群孩子，所以家庭生活颇不寂寞，他常和孩子们在一起嬉戏玩耍。他更注意用自己的行动去教育孩子。有一次他和长孙一同出游，遇见一个黑人向他们脱帽鞠躬，杰斐逊马上还礼，但他的长孙没有任何表示，他便申斥这个孙子道："你让一个黑人比你更像一个彬彬有礼的绅士吗？"

1824年，杰斐逊刚过81岁寿辰，老朋友拉法耶特侯爵来了。二人已阔别35年，当拉法耶特从车里走出来时，杰斐逊走下台阶迎了上去，两个人的腿脚都不太灵便，但都尽力拖着，当两个人拥抱时，已经泪流满面。有成百人观看了这一场面，没有一个不掉泪的。两个人在一起渡过了愉快的两个星期，简直有说不完的话。

杰斐逊人生的最后几年里是在捉襟见肘中度过的，他的收入不够开销。农场收入有限，要养活上百口的家人及亲戚，而且到他家来访的客人太多，其中有朋友、有来请教的、也有帮忙的，有富的、也有穷的，有的时候家中50个床位都安排不下，招待这些人的费用令农场喘不过气来。每年的收入仅够缴税和支付债款利息。在不得已的情况下，他把大量的心爱的藏书

→杰斐逊的墓碑

卖给了国会，但钱很快又用光了。

当他 83 岁时，也就是逝世的那年，经济上更加困窘，杰斐逊为了还债不得不准备拍卖大部分田产了。消息传出来，各地纷纷举行募捐大会以援助这位为美国立下汗马功劳的伟人。

1826 年 7 月 2～3 日，杰斐逊自知日子不多了，便与他的长孙就私事做了一切安排，还询问了弗吉尼亚大学的情况，并相信麦迪逊会为这个大学尽力的。接下来他便昏迷不醒，7 月 4 日，即通过《独立宣言》50 周年的那一天，在家人的围绕中逝世了。

也是同一天，另一位革命领袖亚当斯也逝世了，享年 91 岁。

杰斐逊，这位一生为实现民主自由而奋斗的伟人，被葬在了蒙蒂赛洛山坡他的亡妻墓旁。没有送葬队伍，也没有讲话和冗长的仪式，他的葬礼十分简单，简单得一如千万个曾在这块土地上披荆斩棘的拓荒者的葬礼。

杰斐逊死后，人们发现了他为自己写好的墓碑铭文："这里安葬的是托马斯·杰斐逊，他是美国《独立宣言》的作者，《弗吉尼亚宗教自由法规》的作者和弗吉尼亚大学之父。"这里没有罗列他所担任过的职务，却刻下了他一生中最引以为荣的成就。今天，当人们从这墓碑前走过时，都会向这位终生追求自由、民主的伟人表示由衷的敬意，他为国家利益做了他所能做的一切事情。